2~6 岁儿童科学素养课

PRESCHOOL PATHWAYS
TO SCIENCE

[美]
罗切尔·戈尔曼
（Rochel Gelman）
金伯利·伯纳曼
（Kimberly Brenneman）
著
盖·麦克唐纳
（Gay Macdonald）
摩西·罗曼
（Moisés Román）

朱莉琪　邱小菊◎译

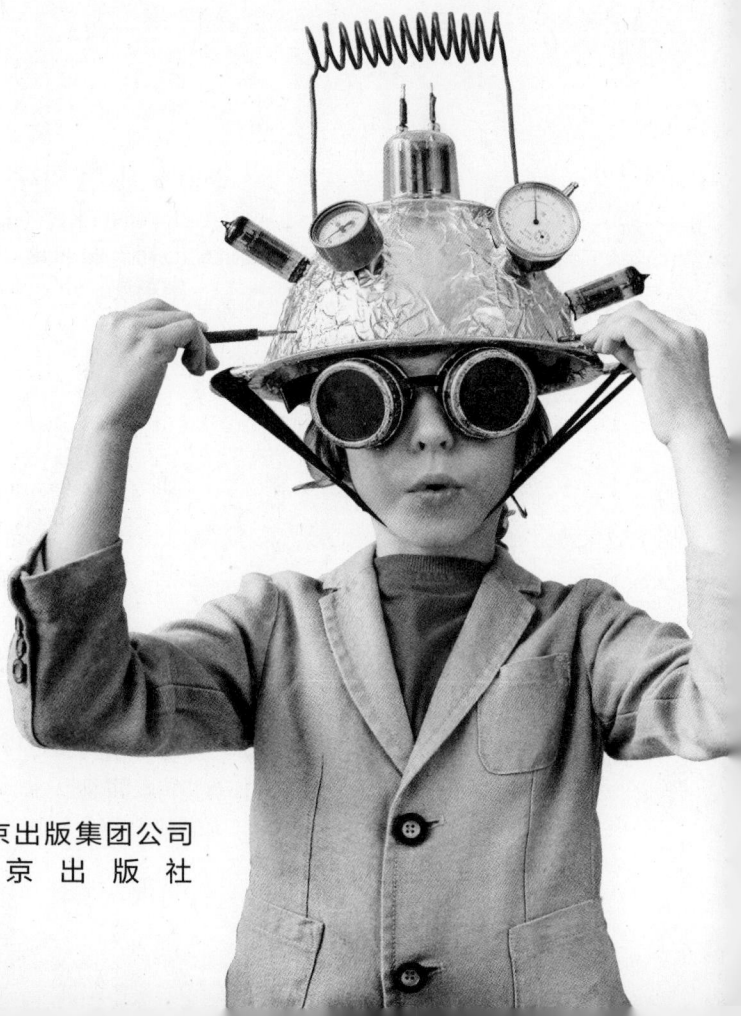

北京出版集团公司
北京出版社

著作权合同登记号

图字：01-2015-5447

图书在版编目（CIP）数据

2~6岁儿童科学素养课 / （美）罗切尔·戈尔曼等著；
朱莉琪，邱小菊译. — 北京 ：北京出版社，2015.12
书名原文：Preschool Pathways to Science
ISBN 978-7-200-12320-3

Ⅰ. ①2… Ⅱ. ①罗… ②朱… ③邱… Ⅲ. ①科学知
识—教学研究—学前教育 Ⅳ. ①G613.3

中国版本图书馆CIP数据核字（2016）第178046号

2~6岁儿童科学素养课
2~6 SUI ERTONG KEXUE SUYANG KE

[美] 罗切尔·戈尔曼　金伯利·伯纳曼　盖·麦克唐纳　摩西·罗曼　著
朱莉琪　邱小菊　译

*

北 京 出 版 集 团 公 司
北 京 出 版 社　出版
（北京北三环中路6号）
邮政编码：100120
网　　　　址：www.bph.com.cn
北 京 出 版 集 团 公 司 总 发 行
新 华 书 店 经 销
北 京 华 联 印 刷 有 限 公 司 印刷

*

787毫米×1092毫米　16开本　11.5印张　133千字
2015年12月第1版　2015年12月第1次印刷
ISBN 978-7-200-12320-3
定价：29.80元

如有印装质量问题，由本社负责调换
质量监督电话：010-58572393

推荐序

《2~6岁儿童科学素养课》是美国科学院院士罗切尔·戈尔曼等人最近的力作。2012年正式出版后，在美国学前教育和心理学界产生了巨大影响。戈尔曼教授是美国资深儿童发展心理学家，并享有国际知名度，同时她还是中国心理学界的老朋友。改革开放初期，20世纪80年代，中国心理学者开始走出国门，如今德高望重的张厚粲先生，当年第一次去美国做访问学者时，就住在她家里。从那个时候以来，戈尔曼教授和她领导的研究团队便一直与中国心理学界保持着合作与交往。

两年前，她将这本书介绍给我们，经过反复挑选，由中国科学院心理研究所研究员、博士生导师朱莉琪等精心翻译成中文，现在始得与大家见面。相信这一定是各位家长的福音，更是伟大祖国未来成就科技创新型国家的基础动力。

最近党中央决策，要在2050年使我国建成世界科技创新强国，这是具有战略眼光的伟大布局，必将影响到每一位中国人。这本书的中文版的出版正是恰逢其时。

人类进入21世纪以来，越来越多的国家看清了未来的国际竞争是综合国力的竞争，未来的发展必须依靠科学技术的发展，而科学技术最核心的要素是人才，热爱、懂得、愿意从事科学技术事业的人才。

更多的研究发现，科学技术人才的培养，要从学龄前开始。儿童是天然的科学家，他们不仅最大地展现了对世界好奇的天性，还有很高的观察和思维能力，而学龄前的培养是保持这些优秀心理素质的最佳时机。从学龄前开始保持并提升科学素养，显然是每个孩子未来成长并成就的关键。

这本书是写给幼教人员和从事幼教研究、组织、管理人员的。不仅有最前沿的普及性的基本原理阐述，可以使过去不曾关注这个方面的人士对学龄前儿童和儿童科学素养的问题获得明确的认识，更有很多实际操作的章节，具体指导如何设计和开展儿童科学素养课程。所选择的几个方面，是经过大量研究被证明的科学素养的核心要素。

同时，科学素养所带来的理性和逻辑思维，也是保证孩子心理健康的最佳途径之一。经过学龄前科学素养提升的孩子，未来在心理健康方面一定高于同龄人，使得他们在终生的发展中，更加健康，也更加成功。

这本书的另一个大的特点是，还具有"母版"的特征。各地从事儿童科学素养课程的人士，可以将当地的实际情况，文化特征、风土人情，纳入这个母版，以形成有特色的、自己开发的课程。

他山之石可以攻玉。我们中国人历来就有汲取先进经验的优良传统。这项得到美国国家科学基金支持的，经过大量科学研究和实践精炼成的学龄前儿童科学素养课程指导，只要我们善于利用，就能为我国儿童的成长和未来的成功，同时也是为了祖国的腾飞，发挥积极的作用。

发展中国家科学院院士

国际心理科学联合会副主席（2008—2012）

中国关心下一代工作委员会副秘书长

儿童发展研究中心主任

2016年8月18日于北京时雨园

译者序

幼儿科学启蒙教育的重要性是不言而喻的。科学教育不仅是科学知识的传授，更是科学思想、科学方法的训练以及科学精神、科学态度的培养。我国幼教界甚至小学都曾长期将"科学教育"等同于"常识教育"。近期的"科学教育"比以往"常识教育"增加了现代科技、环境保护等新内容，增加了幼儿的亲身活动和动手操作，而这也只是知识内容的更新。很多幼儿教师对科学方法的理解仍停留在"科学方法就是动手操作"。

人们已经认识到应当根据幼儿的认知发展水平来提高科学教育的效果，但科学教育中的理论和实践环节常常脱节，具备理论知识的研究者和有具体实践经验的幼儿教育工作者缺乏有效的合作。本书最大的特色就是在科学心理学理论和教育实践之间架起桥梁。

本书主要作者罗切尔·戈尔曼（Rochel Gelman）教授是享有盛誉的儿童心理学家，毕生研究儿童的认知发展，尤其是儿童数概念和科学概念。本书呈现了儿童认知发展研究的最新理论和行之有效的教育实践。书中尤其重视对幼儿进行科学方法的启蒙训练，其中对于观察、预测、检验、记录等方法的展示正是科学方法体系中的重要组成部分。对于幼儿的科学教育，也正是"授人以渔"之举。书中还给出了很多科学活动课的例子，具有很强的可操作性。

美国六年级的学生在科学课上就要求做墙报（Poster）了。在墙报中，学生要报告自己的研究问题、研究假设、研究方法、研究结果、结论，最后还不忘列上参考文献。我们很多大学生都还缺乏这样的科学训练。我们常感叹培养的学生高分低能，意即他们有较好的基础知识，但缺乏动手能力。实际上，他们缺乏的不仅仅是动手能力，更是对科学方法体系的不了解，以及科学思维和科学态度的缺失。而这些基本科学素养的培养无疑从幼儿期抓起会事半功倍。科学素养的培养也不仅仅是用来培养未来科学家的，它对于帮助儿童辨别现实生活中海量信息的真假对错，培养独立思考能力，养成独立人格都有重要意义。

我们将这本书介绍到中国来，希望对我国幼儿的科学教育起到积极的推动作用，帮助广大幼儿教育工作者和家长科学地进行"科学教育"。

这本书的作者和译者都倾注了大量心血。非常感谢我的博士生邱小菊提供了翻译初稿，我进行了审校修订。不同于大多数外文书的中文翻译引进，我们这本书还进行了部分章节的回译工作。作者访问中国期间，在我的办公室里，我把我们翻译后的中文内容又逐字逐句地口译成英文，我们共同讨论中文翻译的内容是否准确表达了原文的含义。她返回美国后，又由她的博士生和我们保持联系，一再修订文字内容，力图最大限度地做到"信"和"达"。作者的这种严谨态度也正是科学家长期以来形成的科学态度的体现。

即便如此，译作中的失误恐在所难免，欢迎读者批评指正。

朱莉琪

中国科学院心理研究所研究员、博士生导师

作者

罗切尔·戈尔曼（Rochel Gelman）博士，罗格斯大学认知科学中心和心理系教授及联合主任。

戈尔曼是一位心理学与认知科学教授，在进入罗格斯大学之前，她曾先后在宾夕法尼亚大学，以及加州大学洛杉矶分校（UCLA）担任教授。她在关于婴幼儿的认知和学习能力方面的开创性研究使她享有盛誉。她也是美国国家科学院及美国艺术与科学研究院院士，获得过儿童发展研究学会颁发的儿童发展毕生科学杰出贡献奖、早期职业生涯研究贡献奖，以及美国心理学会颁发的杰出科学贡献奖。由于她在培养科学家，尤其是那些继续在心理学研究中大放异彩的女性科学家方面的贡献，美国心理学会也授予了她导师奖。

戈尔曼教授研究的项目长期围绕着学习、认知和发展认知科学领域。她与加利斯泰尔（C.R. Gallistel）合著的《儿童的数概念》（*The Child's Understanding of Number*）（哈佛出版社，1978）被视为学前儿童数学能力方面的里程碑之作。戈尔曼教授还发表过其他书籍和专著，以及过百篇书的章节和论文。她还与学校以及博物馆的专家们合作，力图创建有利于儿童数学和科学学习的环境。

金伯利·伯纳曼（Kimberly Brenneman）博士，罗格斯大学认知科学中心和心理系助理研究教授。

伯纳曼是罗格斯大学心理系的助理研究教授。她同时也任职于美国国家早期教育研究所（NIEER）。除了科学素养的学前教育之路项目的发展、实施和测评的工作之外，伯纳曼博士的研究兴趣还包括：幼儿的科学推理，幼儿对形式和功能关系的理解，幼儿对符号的理解和生成，以及他们对生物体和非生物体区分的理解。她在国家早期教育研究所的主要工作是发现能够支持幼儿课堂科学和数学学习的教育实践方法。伯纳曼博士也经常在国家学术会议上做相关报告，并发表了大量研究论文，同时她还在多个社区教育组织中担任理事。

盖·麦克唐纳（Gay Macdonald）博士，加州大学洛杉矶分校早教中心执行理事。

从1991年起，麦克唐纳就在加州大学洛杉矶分校早教中心（ECE）担任执行理事，当时她就已经是洛杉矶社区一位极富经验且颇受尊敬的儿童护理专家。现在她在洛杉矶儿童护理计划委员会任职；她之前曾是洛杉矶普及学前教育课程工作组的联合主席。麦克唐纳负责加州大学洛杉矶分校的3个儿童护理中心的运作（它们都获得了美国国家幼儿教育协会的授权认证，有资质向年龄2个月~6岁不等的340名儿童提供服务）。她通过与戈尔曼认知发展实验室的合作，试图把学前儿童科学教育这一项目发展为早教中心所有工作的核心，使其成为向加州大学洛杉矶分校的教职工、学生提供最高品质儿童护理的创新举措。

摩西·罗曼（Moisés Román），加州大学洛杉矶分校早教中心主任。

罗曼在被委任这一职务之前，曾担任课程协调员，监管科学素养的学前教育之路项目课程在19个教室中的实施情况，并对加州大学洛杉矶分校的3所早教中心的教师进行培训。他是早期儿童教育的倡导者，同时是面向儿童、教师还有这一领域的专家；他在全国、州和地方会议上开展了工作坊，进行了很多主题报告。比如，幼儿的科学教育，教师很关键，教育中的男性，早期识字的发展，等等。

致谢

《2~6岁儿童科学素养课》（PrePS™）的到来经历了很长的时间——大概20年。它的开始源自美国国家航空航天局（NASA）邀请盖·麦克唐纳为位于洛杉矶北面空军家庭的学前机构设计科学学习活动。盖向我咨询，因为我是她的顾问团队的一员，而且也正在研究幼儿的科学倾向相关领域的内容。在准备基金申请书的时候，我从之前同事克里斯汀·梅西（Christine Massey）博士和帕梅拉·弗雷（Pamela Freyd）博士那里知道他们已经开始进行一项针对幼儿园到三年级儿童的相关项目了，我从中得到了一些建议，这快速地推动了申请基金的进程。有了基金，我们就开始了这一项目。我们没想到要花那么长时间进行酝酿，事实证明这是必要的。这一项目得益于很多学校、教师、教辅人员、本科生和研究生的研究助理，尤其是儿童及其父母或监护人的参与。在这里，很感谢参与其中的每一个人。一些个人或群体在创建幼儿科学教育之路的过程中非常关键，我非常感谢以下所有一起工作过的人：

首先，要感谢加州大学洛杉矶分校认知发展实验室的成员丽莎·特拉维斯（Lisa Travis）和艾尔·威廉姆斯（Earl Williams），以及加州大学洛杉矶分校的一位教师苏珊·伍德（Susan Wood），他们在美国国家航空航天局资助（NASA；基金号NCC-2826）和国家科学基金资助（NSF；基金号SBR-9720410）的最初几年担任项目协调员。所有人都明白本项目需要教师转换观念。伍德一开始就做到了这一点，并帮助其他教师步入正轨。她还和奥斯莱特·楚尔（Osnat Zur）一起引导孩子的数潜能，一起对我们这一项目进行头脑风暴。最终楚尔在和教师一起开会时也担任起同样的角色。

其次，要感谢加州大学洛杉矶分校早教中心的埃米·阿瓜约（Amy Aguayo）、沙巴兹·黑格如（Shabazza Higaro）、珍妮弗·姆鲁（Jennifer Munllo）、莫伊塞斯·罗曼（Moises Roman）、朱厄妮塔·索尔特（Juanita Salter）、索菲娅·席尔瓦（Sofia Silva）、法瑞登·莎巴娜法（Fariden Shabanarfar）和哥热都·索托（Geraldo Soto）各位同人；并再一次感谢丽莎·特拉维斯和艾尔·威廉姆斯，还有加州大学洛杉矶分校的奥斯莱特·楚尔、贝丝·拉文（Beth Lavin）、斯蒂芬妮·赖克（Stephanie Reich）和哥列·德拉克洛瓦（Girlie Delacroix）。他们在我们这一项目成型之初向我们展示了众多教师和研究者可能的合作方式，其中一些合作方式很好地促进了互相联系的研究者——教师角色的形成及课程的展开。

还要感谢作为教师和研究者的伊内丝·洛罗（Ines Louro）和马尔塔·帕里斯（Marta Paris），罗格斯大学道格拉斯儿童研究中心主任约翰娜·詹卓索卫茨（Johanna Jandrisovits）和珍妮弗·玛诺拉（Jennifer Manuola），利文斯顿大街儿童发展中心主任玛丽莲·瓦伦丁（Marilyn Valentine），在新泽西州新布朗斯维克的康妮·佩恩（Connie Penn）——和已经在罗格斯大学的萨曼莎·邦迪（Samantha Bundy）、珍妮弗·库珀（Jennifer Cooper）、林赛·唐斯（Lindsay Downs）、贝丝·拉文（后转去罗格斯大学），还有我的实验室成员杰米·利伯蒂（Jaimie Liberty）、克里斯蒂娜·梅茨（Kristina Metz）和艾琳·那斐德（Irene Nayfeld）。他们都在将我们的项目引进新学校和那些服务于城市内家庭（大多数说西班牙语）的过程中起到了关键作用。

最后，我要感谢我的共同作者。几乎没有人能代替盖·麦克唐纳（Gay Macdonald），她很早就意识到我们所进行的任务是多么艰难，但是富含价值。她全心全意地信任我，也许，她知道这个项目会让我投入更多的精力，事实证明的确是这样的。这只是表明盖是一位多么精明的领导和导师的一个方面。在我们最初的阶段，她就认为当时还很年轻的摩西·罗曼会成功的，的确，摩西很快就成为这个团队的核心成员了。盖和摩西都在本书的筹备过程中担任过编辑、评审员和改写者等多种角色。在这其中的每一步，金伯利·伯纳曼都是我理想的同事和朋友，也是一位好到难以置信的合作伙伴。当本书的最终形式确定后，我们在各方面都能够达成一致。金伯利是项目管理人的角色，也是监管者，这些无疑都大大加速了这一项目的进程，成功地推动了这个项目从形成到在不同的机构中（包括来自不同经济层次的儿童机构）实施。因此，我们学到了很多有关如何帮助教师开始并继续使用我们这一项目的知识和经验。这是多么棒的作者团队！谢谢你们！

这项创造性的举措，包括本书的准备，主要是由美国国家科学基金会（NSF）的SBR-9720410号基金资助的。获得该资助不代表资助机构对书中内容负责，作者对本书中的观点和内容负责。

罗切尔·戈尔曼

目录

目录

第 **1** 章
科学素养的学前教育之路
（PrePS™）

幼儿可以表现出令人惊奇的抽象思维能力，就像3岁零11个月的小姑娘戴拉，她认为木偶没有记忆，但是猫有记忆。当被问到原因时，她说："因为所有活着的东西都有记忆。"在生活中还有与此类似的例子，当3岁和4岁的小孩看到一些带有人类特征的雕像的照片时，他们会说雕像不能够自己爬山。但是，他们能够正确地指出针鼹这种他们从未见过或者听说过的动物，可以自己动。这是因为他们认为雕像只是"一个家具一样的动物"，它没有"真正的"脚，或者它"太闪亮了"。在孩子眼中，针鼹看起来不像任何一种熟悉的动物，更像一棵仙人掌，但是孩子却认为它可以自己动，"因为它有脚"，虽然这些脚藏在针鼹身体的下面，是看不见的。

越来越多的研究证实了这些生活中的实例，表明儿童，包括婴儿，能够以一种抽象思维能力区分生物体和非生物体（e.g., Gelman & Opfer, 2002; Saxe, Tzelnic,

& Carey, 2007），并且表明儿童能够根据一些高水平的知识做出推断。确实，《渴望学习》（*Eager to Learn*）（Bowman, Donovan, & Burns, 2001）一书将研究结果总结如下：

好像存在着（学习的）"特殊领域"，也就是说，在这些领域里，儿童有着本能的倾向去学习、实验和探索……它们丰富着，并且扩展着儿童已经积极掌握了的学习内容。

美国国家科学院（Duschl, Schweingruber, & Shouse, 2006）、国家科学委员会，以及各种私人基金会的报告一致同意：应该在早期教育中增加科学学习的机会。波曼（Bowman）等人（2001）报告了详细的策略，以揭示学前儿童在抽象思维领域中能够做什么，而不是不能做什么。"能够做"的研究理念也是我们的项目——科学素养的学前教育之路（PrePS™）的基础，并且启发我们为学前儿童创造合适的、科学的学习机会。

这些研究和政策的推进向今天的教育者提出了一个挑战。现在，很多教育者忠于传统的阶段理念，认为儿童受到知觉的限制，无法进行抽象思维。因此，他们可能坚信儿童无法从鼓励抽象思维的课堂中获益，而是在提供了适合的材料后，让他们自己参与探索游戏时才收获最大。

诚然，就像小学生和初中生，甚至某些成人一样，学前儿童还没有为学习科学和数学做好准备。就像我们不能保证部分大学生一定可以学会有关牛顿物理学定律，以及疾病的生化机制课程一样（e.g., McCloskey, Washburn, & Felch, 1983）。但是，学前儿童能够轻松地、愉快地学会一些科学知识。正如波曼等人（2001）的报告所说，科学学习的机会满足了儿童探索、寻求信息，以及尝试通过不同的方法来使用材料的主动倾向。而且，学习自然科学也可以丰富儿童的文学和算术经验。

第1节
把科学素养纳入学前教育内容

有人认为我们高估了学前儿童的能力。毕竟，未来的教育者现在依然接受着传统理论的教导。皮亚杰（1970）、维果斯基（1962）和布鲁纳（1964）一致认为儿童受限于知觉，并且缺乏能够解释抽象关系的心理结构。由于依赖于现有的信息，儿童无法在分类任务中运用前后一致的分类标准，无法保持数和量的守恒，他们的推理是有因果的，并且经常运用自我中心的思维去判断他人的观点。即使儿童发展到具体运算阶段，已经开始根据稳定的逻辑标准区分物体，并且能够系统地根据长度排列物体，他们依然会被认为缺少基本的认知能力去理解科学的方法和内容（Inhelder & Piaget，1964）。维果斯基（1962）总结：直到大约10～12岁时，儿童才能进行科学推理。

很多研究结果支持了传统的阶段理论者关于学前年龄段的假设，其中一个很有说服力的研究就是皮亚杰的液体守恒实验。4岁的儿童总是无法通过这项守恒实验。他们虽然眼看着两个水容量、形状完全一致的玻璃瓶，其中一瓶水被倒进了一个细而高的玻璃瓶里，但是他们却认定操作完成后两个瓶子里的水是不一样多的。他们说细而高的瓶子里的水多一点，以此来支持他们非守恒的回答，而当细而高的瓶子里的水被倒回了原来的瓶子里，儿童又会认为像实验刚开始时一样，现在两个瓶子里的水一样多了。其实，稍大一点的儿童不会犯这样的错误，因为他知道水被转移到了不同形状的瓶子中。这一例证很清楚地说明了儿童很容易受到当时知觉特征的限制。其他还有很多例子可以证明这一点（Gelman & Baillargeon，1983）。

考虑到幼儿容易被物体的表面特征误导，人们可能会理所当然地问："为什么要开展关于科学的幼教项目呢？"因为幼儿是"科学家预备队"。他们具有与生俱来的好奇心，并且积极主动地探索着周围的世界，更重要的是，他们确实发展了科学领域的抽象概念。上文也曾提及，幼儿正处在学习区分生物体和非生物体观念的过程中。在PrePS项目中，我们把这些概念的学习与非常重要的科学技能的发展联系起来，这些技能包括：观察、比较和对比、测量、预测、检验、记录和报告。教师在塑造、引导和支持幼儿这些技能的发展方面起着关键作用。我们会在本书中逐步探索PrePS项目对于儿童和教师的价值所在。

第2节
幼儿有更多的才能

学前儿童曾经被认为受到感知觉的限制，但是研究已经证明他们能够思考，并且能够谈论很多与科学相关的话题（Carey，2009；Gopnik & Schulz，2007）。

如果儿童有机会进一步形成一个知识系统以组织他们已经了解的事物，他们就能够有更为成熟和相对复杂的表现。诺瓦克（Novac）和戈因（Gowin）（1984）给出了一个很好的例子，他们发现一些参加过初级科学培训项目的二年级孩子比一些十二年级的孩子能更好地掌握某一物质的特性。因此，这些研究者们认为学校没有很好地培养幼儿的科学学习能力。我们同意此观点，且承认对更小的幼儿也是如此。

我们知道有些学前儿童是"恐龙小专家"，可以说出各种各样恐龙的名字。当这些孩子看到一张恐龙的图片时，他们甚至能够告诉你它住在哪里，吃的是什么。就像高博（Gobbo）和池（Chi）（1986）所描述的那样，这些小专家们使用阶层模型组织自己在这个领域的知识。当孩子们观察到恐龙长着尖尖的大牙，他们就会推断这只恐龙是食肉的，甚至会直接使用"肉食动物"这个词。

新一代认知发展研究者认为学前儿童对概念的认知比以前所认为的更先进（见第2章），这引导人们聚焦于学前儿童的概念认知能力。越来越多的实例表明，关于生物体和非生物体的区分，以及因果概念，学前儿童已经主动地构建了一个知识体系。比如，当问到布娃娃、动物或人的里面是什么，大多数3岁儿童能够针对每一种事物提供从根本上不同的答案：布娃娃里面有填充材料、电池，甚至空气，而动物和人（Gelman，1990；Gottfried & Gelman，2004）里面有血液、骨头、食物，甚至性格（一个5岁儿童这样对布兰尼恩说）。这样的研究结果有助于我们进一步开展PrePS项目。生物体和非生物体的区别，以及它们不同的运动和变化条件是一切科学的基础。而且，关于有生命和无生命的发现有力地证明了幼儿能够根据已知的知识对未知的、眼睛看不到的事物做出推断和思考，并且把知识融入自己的层级结构中。其他关于学前儿童概念能力的系列研究结果也有助于我们进一步，更加坚定地开发PrePS项目。

我们现在知道学前儿童能够推断出因果关系。布洛克和戈尔曼（Bullock & Gelman，1979）早期做的一项研究表明，儿童能够对潜在的原因做出有根据的选择，并且可以推断出什么原因导致了某种结果。这只是不同于皮亚杰（1930）的一个观点，他认为幼儿是前因后果的，因为他们缺乏基本的机制假设，混淆因果的先后顺序，并且认为所有物体都有生命。比如，舒尔兹和博纳维兹（Laura Schulz & Elizabeth Bonawitz，2007）发现学前儿童渴望通过探索寻求解释。一般情况下，当有了新的玩具时，很多学前儿童会停止玩旧玩具。在舒尔兹和博纳维兹的实验中，学前儿童不断尝试，直到他们了解了玩具运作的机制。然而，当儿童没有找出玩具的工作原理时，他们会忽略新玩具而继续探索原来的玩具。这说明单一提供新玩具不足以打消孩子们探索旧玩具的动机。这个例子阐明了学前儿童一个非常重要的特性：他们可以反复参与某个活动或者不断地提问，直到找到所要寻求的信息（Chouinard，2007）。在某种程度上，他们监控着自己的知识，并且持续探索，这就验证了一点，即幼儿是积极的、专注的。

基于越来越多的研究证明了学前儿童能力的存在，我们开始思考如何利用儿童关于科学概念的自发探索和对知识的渴求开展一些活动，以形成一个系统支持学前科学素养教育的项目。为什么要拒绝儿童学习科学知识呢？一些学前教育家这样回答：他们不需要学习科学知识，也没有做好传授这些知识的准备，他们也不希望在已经排满的日程表上加上任何其他的活动；此外，许多教师担心自己教授科学的能力。然而，由于PrePS™项目中的科学知识都以学前儿童的心智水平为基础，所选的课题并不是物理学、化学或者微生物学的系列课程，教师们也会发现他们不需要太多额外的时间就能够把PrePS项目中的某些内容融入现有的教学活动中。他们可以利用科学知识鼓励儿童提出问题、解决问题、交流和关注细节、记录、观察和预测结果，学习用专业术语，以描述他们的观察，并且在其他课堂使用这些术语。对于教师而言，他们可以将PrePS内容融入教学中，并且受益于此，最有力的证明就是很多教师开始意识到他们确实了解到很多科学知识，并且就像他们教授的孩子一样，他们渴望学到更多。如果儿童都能做，教师们为什么不能呢？

第3节
预览科学素养的学前教育之路

PrePS项目提倡通过活动和实践经验促进科学知识的学习，这些活动和经验让儿童探索重点概念，感受科学的实践过程和学习科学的语言，这个项目旨在巩固教师和儿童双方的课堂经验。学前教师、主管和认知研究者通力合作，旨在提升大家对课堂的热情、开拓新视角和增强胜任感。从教师的角度来看，PrePS项目通过鼓励合作，并且把每日的教学计划联系起来，明显地减轻了教学工作负荷。

我们确实要培养幼儿的好奇心，并带领他们积极探索世界。PrePS项目特别关注开发儿童的观察能力，这样他们就能以可靠的方式获得信息，我们不仅让他们通过自己对世界观察和探索，而且也让他们通过和同学、教师交流，或者通过参与简单的实验来获得信息。同时，这一项目的特点还在于教师支持儿童对科学相关的主题进行提问和预测。我们希望儿童了解到一个问题也许有不止一个答案。更重要的是，PrePS项目认为科学实践的发展依赖于在学习过程中建立概念和相关词汇的联结。孩子们将被鼓励去寻找活动、观点或者词汇之间的联系；把一个活动中的问题和解决方案运用到其他活动中去；去理解随着时间的变换，事物顺序的改变，比如，植物和动物的生命周期。

PrePS的教师将学习经验穿插在整个学年，主要是基于以下这个原则：学习已经学过的事物总是比从零开始学起要容易（Bransford，Brown，& Cocking，1999；Gelman & Lucariello，2002；Resnick，1987）。这一原则适用于所有人群，尤其是年幼的学习者。例如，一个4岁的男孩去美国的富兰克林研究所参加一项专为幼儿设计的科学项目。当问起他在项目中学到了什么，男孩回答："我学到了在疏通管道的时候，东西会一起掉下来。"然后，再怎么问也没法问出第二个答案，但是后来到了中学，男孩把那天在学校里学到的内容和在学前班的记忆联系了起来："记得我去富兰克林研究所的时候，我们疏通管道的事吗？现在，我知道那是怎么回事了。"我们希望孩子能够学到足够多的知识，并且可以和后期的教育形成一定联系。所以，我们的目标就是把孩子放在相应的学习轨道上，它可以提供越来越多的信息去帮助孩子们构建连贯性的理解。

PrePS让教师系统地规划课程，为儿童设立特定的、可实现的目标。教师可以指导儿童对日常生活的环境进行系统的观察，这样可以提高儿童的科学技能。比如，观察、预测、检验、测量、比较、记录和解释的能力，虽然本书后面的章节提供了案例来说明活动设计的方法，但是PrePS项目并不是拥有固定单元、固定教学顺序的一系列课程，也不是充满一些儿童必须掌握的、毫无关联的事实或者术语的课程，而是一种植根于学前儿童和教师与生俱来的好奇心和灵活性的教学方法。

在实施PrePS项目时，你不需要准备课堂作业。你的课程不是用较大年龄儿童教科书的知识拼凑而成的，你也不仅仅是简单地教孩子识记事实和词汇。用较大年龄儿童的科学教学内容去教更小的幼儿，通常需要这些幼儿已经具有一定水平的背景知识，虽然幼儿能够观察月亮的形状，但是你不能期待他们能理解为什么月亮会改变形状，循环周期是28天，它对潮汐的影响，或者为什么人们到了月球上会变轻。

在PrePS项目中，你可以在各种课程里灌输科学的知识和实践活动。你能够利用任何概念都不是孤立存在的事实，创造有先后顺序的学习经验，帮助儿童形成特定科学主题内概念彼此关联的知识体系。比如，动物这个概念，它是一种能够自己移动、呼吸、进食、繁殖，以及生长的事物。这些术语其中一部分也同样适用于树和其他植物；然而，植物不能自由移动，也不能像动物一样进食而获得养分，即使3岁的小孩也能够认识到这种区别（Gelman，2003；Inagaki & Hatano，2002）。

学前儿童能够加工抽象的概念，我们会在第2章详细讨论这一点。本书所举的例子说明了概念和与之对应的言语描述之间的关系。比如，英文"bat"这个词有两个完全不同的概念：一是表示夜行动物，一是表示体育器材。不同的描述会导致非常不同的推断。比如，如果某人告诉你：球拍是用木头制成的。你可以推断它是长的、坚硬的，可以用来击球。你就不会推断它能吃东西，可以繁衍后代，在晚上飞行，并且听力很好。

PrePS项目吸收了很多研究的成果，并运用到课程中。这些研究表明应当向学习者提供多重的特定领域内容和工具的范例，以及重复练习该领域知识的机会（Brown & Campione，1996；Dunbar & Fugelsang，2005；Gelman，1998）。PrePS项目也充分地利用了学前儿童重复练习某一给定任务，直到他们对自己的表现满意为止的倾向。专栏1.1中提供了一个特别的例子充分体现了儿童这种内在的倾向。

专栏1.1

自发的自我更正活动

安妮特·卡米洛夫–史密斯（Annette Karmiloff–Smith）和巴伯·英海尔德（Barbel Inhelder）（1974）设计了一项实验，让学前儿童维持各种积木在一个金属杆上的平衡。孩子们一开始假设认为所有的积木都能在几何重心上维持平衡，然而很快他们发现一些积木不符合这一假设。随着实验的进行，孩子们不断地调整平衡策略，从盲目地猜测到随机试错，再到有计划、有目的地尝试和确定积木哪一部分、哪一面才是最佳的重心平衡点。从这一研究中，PrePS™项目得到了一项关键成果：孩子们一直在尝试不同的解决方法，即使这意味着放弃一个可行的策略，而换之以起初不可行的策略。孩子们不仅是让积木保持平衡，他们是想找出平衡的规则。值得注意的是，孩子们可以一次又一次地使用同一块积木。然而，如果作者事先没有把积木的重心调得千奇百怪，不可能激发孩子们对寻找平衡规律的兴趣（比如，如何平衡这些外表相似，但里面不同的积木）。

很多儿童习惯一遍又一遍地数东西，包括楼梯、斑马线，或者坐在汽车里数经过的电线杆的数量。儿童能够自我激励去重复一项特定的活动，而儿童是否能够完成自我激励取决于是否给他提供了适宜的环境。如果儿童没有经历过各种有关科学的环境，他们不会主动创造这些环境，即使他们确实创造出这样的环境，也无法保证孩子们懂得如何使用或者思考。PrePS的教师主要扮演着引导者的角色，为孩子提供重复的、有关联的机会，去科学地实践某个概念并且探索它。这种无处不在的各种重复可以促进系统化的学习。

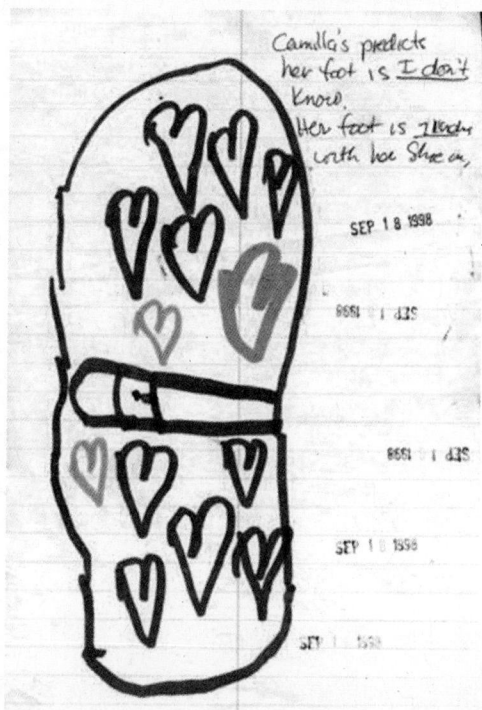

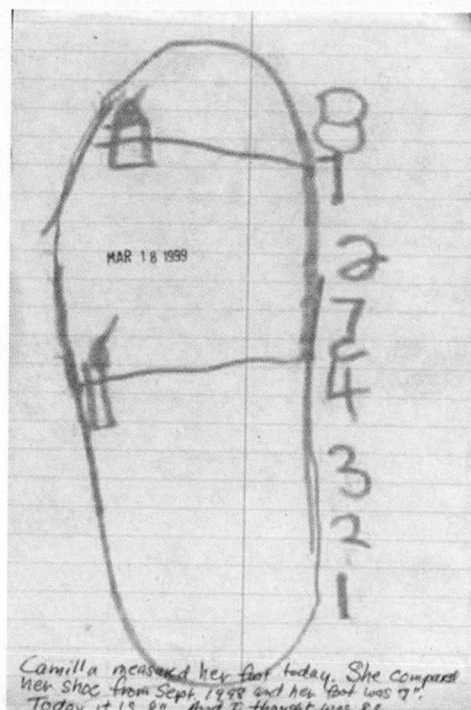

图1.1A

图1.1B

图1.1 日记条目，参与PrePS项目之前和之后

图1.1A为参与PrePS项目之前，图1.1B为参与PrePS项目之后

图1.1提供了在PrePS项目操作中的一个关于冗余性和普遍存在性原则的例子。9月的时候，一群4岁的儿童描他们的鞋样。当教师问儿童鞋子多大时，他们很难回答。在这一年中，只要儿童的鞋子变大了，同样的活动就会不断重复，儿童就会在他们的科学日志上画出各种不同的鞋样。他们慢慢开始学会写数字并正确使用"日期戳"。这些发展来源于平时多种科学学习机会和日常活动中不断学习测量的结果，而这些活动有助于儿童科学日志质量的明显提高。正如图1.1中所示的，在开始上学的时候，一个孩子在自己的鞋样上画满了心形的图案，并盖上满满的日期戳。当问她的鞋子多大时，儿童告诉教师她不知道。在这一学年末，在儿童测量她的鞋之前，教师会要求孩子做出一个预测。这时，儿童就能够测量她的鞋子了，并可以测量后在鞋子的右侧主动标出各种数字（见图1.1B）。值得注意的是，儿童能够主动使用数字了，这是因为她能够将数字与测量相联系。通过回顾整个的儿童科学入门之旅，我们就能记录他们是否在语言和画画技巧方面有了明显的进步。这一日志变成了一种关于儿童在学校取得进步的非正式的知识资源。

图1.1说明了PrePS项目的另一关键特征：保证日常生活环境中有必要的科学工具。虽然学前儿童能够自我激励发现问题和进行探索，但他们却不熟悉物理工具（比如，尺子、放大镜、秤和量尺、日期戳）和特定的科学用语（比如，观察、预测、研究和记录）。将PrePS融入教学，教师们就可以指导孩子们用简单而正确的方式使用这些工具和语言。随着年龄的增长，在成人的帮助下孩子有大量的机会使用它们。从而，儿童开始理解怎样独立地使用这些工具和语言。

虽然PrePS强调科学思维的发展，但它也囊括了许多其他认知和社交技能：数学和计数能力、早期的识字和语言能力，社会沟通技能，以及情绪敏感性的培养。当儿童学习科学时，孩子们数数、测量和比较数量时，就培养了他们的数学能力。同样，当儿童记录并注明观察的日期，主动要求看书去解决他们的疑问时，这样就锻炼了他们的识字能力。科学也要求孩子们带上批判性思考，并且对比和比较各种信息的异同。

调查活动所培养的能力远远超出了人们传统上所理解的科学范畴。PrePS项目强化了基本的决策制定和问题解决技能，因此，可以让儿童自己去寻求和解释信息，而不是简单地接受权威的说教。科学要求个体之间的团队合作，彼此鼓励和尊重对方的观点。不管是对于科学家，还是学前儿童，分享、尊重他人，以及他人的观点、合作都是重要的社交技能。这种广义的科学概念就像一个透镜，透过它可以更仔细地观察和再评估典型的学前课堂活动。学前课堂中已经存在很多科学活动。比如，教师在讲故事时可以采用非小说性的科学读物或者科学主题的故事（见第3章）。如果在日常课程里安排分享时刻，教师就可以引导孩子们分享一个正在研究的话题。举个例子，在调查"变化"这一科学概念时，孩子们可以带来"能够变化的东西"。根据我们的经验，儿童可能有各种各样的选择。比如，可以变形的玩具、闪亮的手电筒、可变化样式的衣服和冰块——这些为孩子们提供了一个讨论变化意味着什么，以及他们对此有何理解的机会。专栏1.2具体地阐述了儿童和教师如何在集体活动时间共同探索科学问题。

专栏1.2
昆虫有心脏吗？

　　儿童在探索"里面和外面"的概念时，被要求思考蚂蚁和蟑螂的身体里面可能有什么，并且找出两种动物的共同点。一个孩子认为两种昆虫体内都有心脏，但是另一个孩子意见不同，所以教师让全班投票，虽然全班其他的同学都同意蚂蚁和蟑螂有心脏，但这位孤独的反对者依然坚持自己的观点。这引发了一场关于何种事物会有心脏的讨论。一个孩子推断说蚂蚁和蟑螂是活的，而所有活着的昆虫都有心脏。听到这种观点后，那位存疑的孩子建议做个研究来确定最后的答案。

　　这个教室里的孩子正在学习科学事实（比如，蚂蚁和蟑螂是活的）和科学用语（比如，观察）。他们采用了批判性思维

（比如，植物是活的，但没有心脏）来生成相关信息。这个例子也说明了PrePS项目是如何推动社会和情绪发展的：一个孩子能够自信地表达出异于全班其他同学的观点，而其他同学也尊重他的这一异议。

当孩子们把科学看作是通过提出和解答问题来学习世界中的客体和事件的过程时，科学内容就能够融入日常的学校生活，渗透进一系列校园活动中了，因此，科学研究不是一堆毫无关联的活动。PrePS项目遵循的核心宗旨之一就是一个领域的经验和所学的内容可以促进另一相关领域内容的学习和理解。比如，当学习人体的时候，儿童也许会探索人体各个部位的形态和功能（比如，牙齿、关节、胃、脑、腿和心的形状及存在意义）。当儿童开始思考其他动物的身体时，他们的学习会更有效率，因为他们能够通过已掌握的知识构建新知识，并且可以从一个领域的调查研究（比如人体结构的形状和功能）联系到其他领域（比如动物身体各部位的形状和功能）。当儿童开始掌握新信息，并且能够把知识应用到各个领域，他们会在理解中获得自豪感，在发现中获得快乐。他们为自己在受教育的过程中担任主动合作者的角色而感到自豪，这些时刻会激励着儿童去学习更多内容，并促进他们为了发现新事物而展开合作。

你在读这本书的时候，也许会注意到以下这些概念：

1. 在新式课程中，教师不是讲师而是引导者。

2. 主动的、亲身实践的开始探索。

3. 整合式教学。

4. 建立知识网

5. 瑞吉欧·艾米莉亚项目（Wurm, 2005）。

6. 蒙台梭利。

7. 维果斯基和他的"最近发展区"。

8. 皮亚杰将儿童视为能够构建自己对世界的解释的主动学习者。

PrePS项目确实受到其他很多项目和理论的影响，尤其是那些在科学学习和思维方面与我们有交叉的观点。很多学前教师已经把PrePS项目的观点融入课堂中了，他们鼓励儿童提出问题、解决问题、相互交流、进行小组学习和游戏，以及关注细节。这些思维技巧适用于很多领域，但是其具体用法和内容会有变化。比如，孩子们在举行聚餐游戏时，需要选择和这个情景有关的物体作为道具，比如，玩具茶壶、小茶杯和小汤匙。学习使用科学的道具能够促进孩子对世界上物体本质的探索和思考。

在PrePS项目中，科学并不是一系列死板的复杂实验、公式和规律。相反，科学是一种态度，一种看待自然世界的智慧工具，有着提出问题和解决问题的调查方法，并且乐于接受各种解释。PrePS的实施需要改变一些现有的教学理念，却没有必要彻底颠覆当前的教学环境。作为一位教师，你的思维和探索方式（并且鼓励孩子们的思维和探索方式）将会在结构性、合作性和专注性方面有所提高。

第2章主要讨论学前儿童探索科学之道，就像波曼等人（2001）所说的，"渴望学习"的话题。同时，这一章也描述了PrePS的框架。第3章会通过具体案例介绍如何针对不同内容开展科学实践。第4章讨论不管是作为主要教学项目，还是辅助项目，如何在一个完整的学年中深入使用PrePS教学方法。最后，第5章会探讨项目评估的问题。

小结

本书贯穿了几个重要观点。首先，在科学学习中，有关世界的知识、科学的实践和工具紧密相连。科学的概念语言与实践工具这两方面结合在一起，形成了科学的特征，这也是科学形成的方法。

其次，在教授科学的概念性语言时，需要考虑以下几点：

1. 概念并不是孤立存在的；它们以相关联的方式组织起来，并且能够支持推断。

2. 对词汇的理解与对相关概念的理解有关。在某种意义上，概念和相关的术语就是一个硬币的两个面。

3. 对于某个概念，人们如果有了一些了解，就会促进相关概念的进一步学习。

4. 幼儿可以利用已有的知识主动地进行学习。

5. 幼儿对于某些核心领域的知识是有组织能力的（见第2章）。

6. 给幼儿列举大量有关联的例子，可以为他们提供积极地参与概念和语言学习的机会。相反，减少为幼儿提供这样的机会，则相当于剥夺了他们的学习环境。

7. 给予幼儿学习概念和语言重复的和无所不在的机会是概念发展的关键条件，但是这一过程需要时间，并且需要教师进行仔细规划。

8. 教师或家长规划相互关联的活动和学习经验，会帮助孩子发现这些事物之间的联系。

最后，在教授科学实践知识时，需要考虑以下几点：

1. 信息的获得需要仔细地观察。

2. 预测和检验是科学实践的基础。

3. 对比和比较也是实践的基础，它们可以引发"变量"的概念。

4. 必须通过画、写或数字的表征方式记录数据。

5. 工作记录需要标上日期。

6. 应该在情境中使用科学词汇。

7. 环境中应该提供丰富的工具（比如尺子、测量工具和放大镜）。需要为幼儿使用工具提供指导，并且给予幼儿使用工具的机会。

8. 为幼儿提供机会，让他们相互交流自己的发现。

9. 耐心教授新的概念、想法和技能的形成。鼓励幼儿实践、探索和建立理解方式时，应该具备耐心。

第2章
概念的自然认知及其发展

教授学前科学的启示

阿历克斯（3岁）："这是什么意思？那辆车死了吗？"

妈妈："为什么这么问？"

阿历克斯："车子是不会死的。"

妈妈："为什么不会？"

阿历克斯："车子不是人类啊。"

妈妈："所以呢？"

阿历克斯："是人让车子动，车子才会动的。"

在早期工作中，皮亚杰（1930）关于孩子们对所在世界的物体和事件的理解这一主题，访谈了不同年龄段的儿童。他得出的结论之一就是学前儿童普遍是泛灵论者，因为他们倾向于给世界上每一个物体，包括自行车、山川和太阳，赋予"生命"这个概念。总体来说，发展理论认为儿童不能形成抽象概念或做出推理，无法区分生物体和非生物体或者理解反事实现象。然而，阿历克斯的推理表现显然不符合泛灵论和传统的发展理论（Gelman & Baillargeon，1983）。其实，有事实表明学前儿童特别擅长区分生物体和非生物体，并且据此做出推断（见第1章）。

戈尔曼和奥普弗（Gelman & Opfer，2002）综述了其他关于婴幼儿区分生物体和非生物体的研究。波林－杜布瓦（1999）对9个月和12个月婴儿的研究提供了非常充足的证据，当他们发现机器人可以自己运动，做一些非生物体不可以做的事的时候，两个年龄段的婴儿对此都很惊讶。斯皮克（Spelke）、菲利普斯（Philips）和伍德伍兹（Woodward）（1995）的研究也得到了类似的结果。他们让婴儿观看两种事件中的其中一种：（1）一个侧着身子走的人看到第二个人时停了下来，这时，第二个人侧着身子朝着离开第一个人的方向继续向前走；（2）一个侧着移动的，长、宽、高与上面提到的人相同的木块在遇到另一个木块时停下来，同时，第二个木块侧着朝着离开第一个木块的方向继续向前移动。这两种情况下，两个人或者两个木块之间都没有接触对方。婴儿认为第一种情况理所当然，但看到木块自己移动时却很惊讶。这说明婴儿认为非生物体不能够在没有接触的情况下相互作用，因此彼此之间不能产生因果效应。但是，生物体的行动意愿是来自其内部的，所以婴儿对此并不感到惊讶，因为这符合他们的预期（Baillargeon，Yu，Yuan，Li，& Luo，2009）。

这类结论和支持传统阶段理论的研究成果不一致。如何解决这个冲突呢？其实，冲突在于研究者进行实验时所依据的发展理论不同。

第1节
了解更多的理论

在科学领域认知与学习中，领域一般性和领域特殊性两种关于知识获得的理论，它们之间的差异得到了大量的关注。信息加工理论就是领域一般性的理论，它强调过程中的一些影响因素，例如工作记忆、加工速度、注意、抑制能力、识别和记忆能力，以及遗忘（Kail，2007；Munakata，2006；Perlmutter，1980）。发展取决于更好地运用这些能力。比如，随着加工速度的提高，儿童在给定时间内获得的信息量也会增多。知识的积累则依赖于在推进联系力度的条件下，这个联系的过程。知识的积累则依赖于在提高自身能力的前提下，整个信息加工的过程。从发展的观点来看，信息加工理论的基本假设是知识增长与从外界收集，并一点一滴地建构起来的感知觉信息有着密切联系。在这一理论框架的指导下，教师的任务就是鼓励儿童获得更多和教师的教育目标一致的感知觉信息和技能。

阶段理论经常被称为发展性理论，它也是认知发展的一种领域通用理论（Bruner，1964；Inhelder & Piaget，1964；Vygotsky，1962）。这些理论都认为，每个人，包括婴儿，都有很强的向外界学习并与其互动的倾向。而且，它们也认为已有的心理结构会影响学习者注意和同化的内容，虽然婴儿一开始就被这些理论家赋予了学习的倾向性，但是他们却不具备初始的认知倾向或有助于学习的结构。这一阶段的最高成就是在两岁左右儿童获得了一种可以进行符号性思考的心理结构。这使儿童具备了表征能力，因此能够回忆过去，模仿、参与假装游戏，知道物体离开了视线也依然存在，并且开始使用有意义的词汇。这种理论假设是感觉运动阶段的不同成就都来源于一种新的共同心理形式或结构的获得。这一成就带领儿童进入知觉阶段，也就是我们特别关注的一个阶段。根据皮亚杰对心智的描述，学前儿童应该无法完成很多概念任务，事实证明确实如此（e.g., Piaget，1952）。学前儿童无法成功完成分类或守恒任务。如果对一套颜色和形状各异的积木进行分类，正确的方法是可以把所有红色的积木堆成一堆，所有蓝色的积木堆成另一堆，依此进行。然而，儿童可能会用这些积木堆成一个形状。比如，一列火车或者一座房子；或者他们刚开始可以把两个黄色的积木分在一类，然后会根据其中一个积木的形状找与其类似的形状等（Inhelder & Piaget，1964）。布鲁纳（1964）和维果斯基（1962）设计了不同的任务，然而得出了类似的结果。

著名的皮亚杰数字守恒任务和液体守恒任务也证明学前儿童解决问题依赖于物体的知觉特征。比如，4岁女孩在看到成人把两排纽扣成对排开时，会认为两排纽扣数量相同。然后，女孩看着成人把其中一排纽扣的间距增大，并且被问到两排的数量是否相同时，女孩认为排列长的一排纽扣数量更多。显然，其中一排长度的增加足以让女孩拒绝两排物体的量守恒这个事实，但更令人惊奇的是，当排列长的一排纽扣再变回之前的排列长度时，女孩又改变了主意，她认为两排的量是一样多的。我们把物体换成硬币、饼干、花或者玩具并不影响这一测试结果。这个阶段，在所有条件下，把物体分散开似乎都能改变物体的总量。两三年以后，这个女孩重新观看自己小时候的表现时也惊呆了。就像其他六七岁的孩子一样，她现在也知道在这种长度变化的情况下，量是守恒不变的。通常，这个年龄的孩子会看着成人，好像在问："这么显而易见的问题还要问我？"其实，本书的作者很清楚地记得一个6岁小孩抬起头问她："阿姨，你真的是以这种骗孩子把戏为生的吗？"（See Gelman & Baillargeon, 1983, for a review of other studies by stage theorists.）

遵循传统阶段理论的早教项目支持有指导的亲手操作活动。这类活动的目标是提供足够的探索机会，以最终促进对各种心理表征的操作；这些心理表征包括分类和排序能力（长条、阶梯和不同长度或宽度的圆圈）、数量守恒和其他抽象概念。在这些项目中，儿童可以倾倒液体和沙子、把玩各类可用于分类的木块等。如果教师在布鲁纳和维果斯基的理论框架下工作，他们也会致力幼儿语言和会话技能的开发。教师能够这样做是考虑到幼儿发展良好的能力——他们的语言和会话技能。

从儿童开始交流，他们每天大约能学会9个单词（Carey，1985；Miller，1977；Templin，1957），这样到一年级时大概具有了10000个的词汇量。到那个时候也可以展现出很强的会话技能。本章开头阿历克斯（Alex）主导的谈话就是一个很好的例子，这说明儿童所交流的话题是他所了解的或者想要学习的，他们会展现出很强的交流能力（Danby，2002；Shatz & Gelman，1973；Siegal & Surian，2004）。

戈尔曼和沙茨（Shatz）（1977）的一项研究报告了这种会话技能。在一项任务中，4岁的孩子需要向一个2岁的儿童、同伴或者成人介绍一个复杂的玩具。通过研究发现，儿童能够根据对方的年龄（所设想的对方应具备的理解水平）调整自己的发音、选择使用的词汇和语法。比如，当向2岁儿童介绍的时候，4岁的孩子会使用短句，并且加入了很多引起注意的词汇（比如"看！"）和要求（比如"把它放在这儿"）。当面对成人时，这个4岁的孩子会比面对同龄人时使用更多的长句。他们也能够使用社会性语言，反映了自己对社会地位的识别。一个孩子对成人说："我想，你可以把气体放在这儿。"但对同龄人则直接说："你可以把气体放在这儿。"在这个时候，孩子使用"我想"说明儿童承认倾听的人比他懂的更多。在很多语言中，儿童很早就可以学会根据相对应的身份来调整会话方式。当本书作者对一个4岁的说意大利语的孩子使用了正式日常问候语的时候，那个孩子则转过身，用了一种教育的口吻，略带鄙视地用非正式的问候语回应。出现这种情况，是因为这个孩子知道非正式的问候方式更符合社会规定的成人对儿童说话的用语规范。

学前儿童能够进行如此复杂的对话，也表现了早期能力的存在。这一能力属于具有支配地位的社交能力，它能够指导儿童学习自己的社会角色。具备良好交谈能力的个体必须了解当前所谈论的话题，考虑对方的观点，并且据此做出回应。成人很容易形成自我中心的交谈——在他们向另外一个人谈论对方完全不了解的话题时往往是这样的，儿童也是如此。只要儿童能够谈论他们所懂得的话题，他们就能根据谈话对象和具体情境调整自己的语言。本章开头，阿历克斯问道："这是什么意思？那辆车死了吗？"现在，大家应该很清楚儿童是因为懂得了生物体和非生物体之间的抽象区别才主动提出这个问题，而且他所用的语言是符合规则的。在他的理解中，"死"这个词或者概念不适用于小汽车。这让我们发现，应该形成一种接纳这些早期能力发现的发展理论。

认知发展的领域特殊性理论的基本理念是存在一些儿童积极参与或者能够学习的内容领域（见第1章）。领域特殊性理论（Gelman & Lucariello，2002；Gelman & Williams，1998；Spelke & Kinzler，2007）和发展理论家（比如Bruner，1964；Gibson，1970；Piaget，1970）都认为幼儿天生就是学习的料。然而，和领域一般性理论不同，领域特殊性理论认为幼儿具备某些特定内容领域的知识框架；这些领域包括社会交往、数量关系、空间，一些生物学和关于客体的物理知识。

我们把幼儿所具有的知识比喻成骨架知识结构，与核心领域具体知识内容相比，现在幼儿所学习的内容是相对轻松的。这也说明当前知识最多不过是未来所学知识的一个概要，却为进一步的发展提供了基本的架构。我们曾经讨论过，每个人都倾向于在自己知道的基础上学习更多的知识，所以当心智为以后的学习做好准备之后，学习是有效率的。个体利用已有的结构，不管它现在有多粗略，从环境中找寻和吸收信息以充实现有的知识体系，最终形成特定的相关的知识结构（e.g.，Gelman & William，1998；Spelke，2000）。

自然数（计数）就是其中一个核心领域，它包括各种离散的数概念和数的加法、减法、排列等（Dehaene & Changeux，1993；Gallistel & Gelman，2005）。由于基数这一概念和组成数的物体的类型或特征都没有关系，所以儿童能够排除一切影响而去疯狂地数数。不管是凳子、当天来校上学的儿童、朋友，还是餐桌上空余的座位。因此，教师应该鼓励孩子们数不同类的物体，比较他们的计数，并且考虑加上和减去一些物体所带来的影响，虽然并没有研究结果表明需要把数经验局限在数数上（Campbell，2006；Gelman & Gallistel，1978）。现在，很多早教的数课程都不推荐把计数这一核心领域和算术及排序联系起来。

在因果关系领域，知识的组织方式不同。这里考虑的问题是世界上的事物的本质，以及它们变化和运动的方式。当个体想要移动某个物体时，就要考虑它有多大、多重，能不能下楼梯，以及它是否正在向你移动。空间这一核心领域关心的问题是特定陈设内的各种空间位置，以及确定它们和四周界限之间距离和角度的几何特征。有时，这些信息比移动性地标的表面特征还重要（Cheng & Newcombe，2005；Hermer & Spelke，1996）。证明几何学变量支配着这一领域的最佳证据来自于下面这项研究：儿童或成人被测试时，第一次走进一间拥有一面彩色墙的矩形房间里，并看到一个特征鲜明的物体，然后被蒙上眼转上好几圈，最后需要指出或者走向那个物体。在这些条件下，每个被试者都会运用房间的几何学信息，而不是把那堵地标一样的彩墙作为参照物。因此，如果那个物体被放在右侧长墙和后方短墙的交界处，那么被试者会指向这个方向或者斜对角方向，也就是几何结构上对等的方向。我们有充足的经验来验证这一结果，比如，我们刚从一栋楼里出来走错方向的时候。一段时间以后，你发现标志性建筑不对。现在你必须180度转身。你所走的第一步依赖于你内在的几何信息，走了一段时间以后，你才会注意到周围的标志性建筑。假设儿童也是这样，那就对教学有一定启发。教师可以鼓励儿童用画地图的方式来代表他们走过的每一步，甚至可以是从一个房间走到另一个房间的旅行线路。当我们和儿童一起这样做过之后，会惊喜地发现他们是如此地热衷这项活动。笔者让助理跟踪研究4岁儿童重复在教室外散步后所画地图的变化。当他向儿童提示注意地面上的附着物或不能移动的物体后，儿童所画的地图出现了非常明显的进步。

领域特殊性理论的关键特点之一，在于它意识到不同的领域对同一物体的处理方式是不同的。比如，在数数活动中，物体的制作材料并不重要。在数领域的规则中，物体的数量和它的材质无关。然而，当个体需要判断一个世界上的新物体是否有生命时，物体的材料就非常重要了。概念并不是孤立存在的，而是以一定方式组织起来，让人们能够产生预测和推断。

　　科学素养的学前教育之路（PrePS）源自于儿童的理论立场，这些儿童是已经具备一些核心领域的基本能力的主动学习者。因此，我们决定将领域特殊性理论应用于早教的科学教育中，协助教师更好地推动儿童学习，扩展现有的知识。

第2节
从理论到实践

在根据领域特殊性理论形成PrePS时，我们想根据儿童现有的知识提供教学机会，帮助他们形成系统化的科学概念。领域特殊性理论的两大核心概念：

1. 概念、语言及其应用都是互相联系的。

2. 幼儿学习已有一定了解的知识，比学习过去一点没有接触过的内容更容易。

基于这些原因，教师应该提供多样化、系统化的学习经历，这些经历能够彼此联合成一个"大科学观念"。在实践中，让儿童练习思维、会话和长时间地操作某一概念，能够深化儿童的理解。

第3节
形成PrePS的框架

作为一名教师，最重要的不是我想让儿童做什么，而是我想让儿童思考什么……然后（我问自己），他们如何做才能更好地理解某一概念？

——JS，PrePS教师

我们把大科学观念称为核心概念（就是教师想让儿童经常思考，并且记住的概念）。儿童通过一系列相关的学习经验，探索和学习核心概念。PrePS课堂上探索的一些科学概念是变化和变式、形式和功能、生物体和非生物体的区分、系统和内部交互。由于这些概念非常宽泛，可以让课堂内容走向不同的方向，教师经常要选择核心概念的一个子类或部分进行研究。比如，在教授变化和变式的概念时，教师可以选择其中一种特定的变化形式进行深入探索。比如，生长和变形，季节的更换或者物质的变化（比如液态和固态的转换）。

反过来，每一个主题也能够延伸到不同的研究领域中学习。比如，通过学习生长和变形来研究变化时，可以选择研究毛毛虫向蝴蝶的蜕变，由种子到植物再到种子的变化过程，以及人类从婴儿到儿童的变化过程。我们把这些主题称为焦点课程。PrePS的焦点课程一定程度上类似于许多早教课程的主题（比如，人体、宠物、秋天）。然而，在PrePS中，教师需要把整学年的焦点课程通过根本的核心概念串联起来。比如，秋天这一主题就不再排在"交通运输"之后、"感恩节"之前了，而成为更广探索范围中的一部分和已经学过的以及将要学习的知识都有联系。

一旦教师为PrePS选定了核心概念，那也就确定了学习和探索目标。这些学习目标桥接起了儿童将要探索的内容。比如，"生长"这一概念，教师可以为儿童确立一个主要目标，让儿童开始探索之旅。

1. 生物的生长需要什么。

2. 植物和动物的生命周期哪里相似。在学习四季更替的概念时，这些桥接可以让儿童联想到季节更替是如何影响生物的生长。这些概念网能够通过设计好的学习经验编织起来。

比如，积累关于人类、植物和动物的成长经验，能够帮助儿童探索生物的生长需要什么条件这一问题。对植物的生长探索，包括尝试在有水和没有水的条件下发芽种子，在不同的浇水条件下培养植物，在不同的介质（比如泥土、石头和沙子）里种植植物，并且把这些盆栽植物摆放在教室各处，这样儿童可以测量植物的茎或根，比较植物的生长情况。请注意，这一学习经历引入了简单的实验模式，让儿童检验光、水和介质对生长情况的影响。同样，要帮助儿童思考在人类从婴儿成长为儿童，再到成人时，身体的变化方式这个问题，教师则需要安排以下活动：

1. 测量身体各个部分。比如手和脚的大小。

2. 制作图表，以呈现分别有多少儿童的脚是12.7厘米、15.24厘米或17.78厘米。

3. 让儿童带着婴儿时期的照片，这样他们就能够比较出婴儿时期和现在长相的不同。

4. 记录儿童所穿的衣着和鞋子尺码的变化。

这些是其中一些教学案例，它们反映了教师如何设计与一个核心概念相关联的不同的学习机会。其重点在于使用PrePS的教师要为每个焦点设计一系列体验过程。实际上，也许你已经想好一系列关联性的教学体验活动，要迫不及待地教给孩子们了。

图2.1说明了PrePS所用的体验网络。核心概念位于学科设置的中心。这一科学概念通过几个从随着"成长的改变"这一核心概念衍生出的焦点（植物、人类和宠物）中得到探索。在每一个焦点领域，儿童都有很多机会调查这一概念。每一个焦点周围都聚集着一系列体验经历，而这些焦点又是从核心概念辐射而出。教学目标桥接着各个探索领域。在观察生物需要什么才能生长时，儿童会发现水分和营养这

两个因素贯穿体验网络中的各个焦点。

再举一个例子,在学习"结构"这个概念的时候,全班也许会讨论人体、家庭或者住宅的结构(见图2.2)。桥接它们的目标可以是让儿童探索这些结构形式对人类生存的重要性,虽然早教教师不可能掌握其所有潜在的抽象的进化意义,但是他们可以一起探索形状和结构对日常运动和行为的影响。

与住宅结构有关的日常体验活动可以包括以下内容:

1. 为自己家的房子画一张图或者搭一个模型(在家长的帮助下)。

2. 参观学校附近的建筑,观察各种类型的人类住宅。

3. 为孩子们居住的住宅类型制作一张图表。

4. 通过小组讨论和研究,儿童可以比较和对比他们自己的住宅和居住在不同气候或环境的人们所搭建的房屋有什么不同。

同样,儿童可以探索为什么家庭很重要,以及家庭成员在自己的日常生活中扮演的角色。

我们正在通过观察生长来研究变化

人类

比较宝宝之前的照片和现在的照片。

种植球茎。

植物

记录鞋子尺寸的变化。

把种子种在土里面或者岩石里或者沙子里面。

有水和没有水的时候发芽的种子。

拜访婴儿的房间，对比他们的手和我们手的大小和长度。

对比在太阳下面和黑暗下面的植物生长。测量它们随时间的变化情况。

中心概念：变化

测量以及描绘出青蛙随着生长的变化，我们应该如何测量一只青蛙？

桥梁：生物生长需要什么？

成长中的小鸡如何获得营养？

水族馆护理。蝌蚪需要什么？青蛙需要什么？

小鸡吃什么？

蝌蚪与青蛙

记录蝌蚪的变化。

为什么孵卵器需要如此温暖？

鸡蛋与小鸡

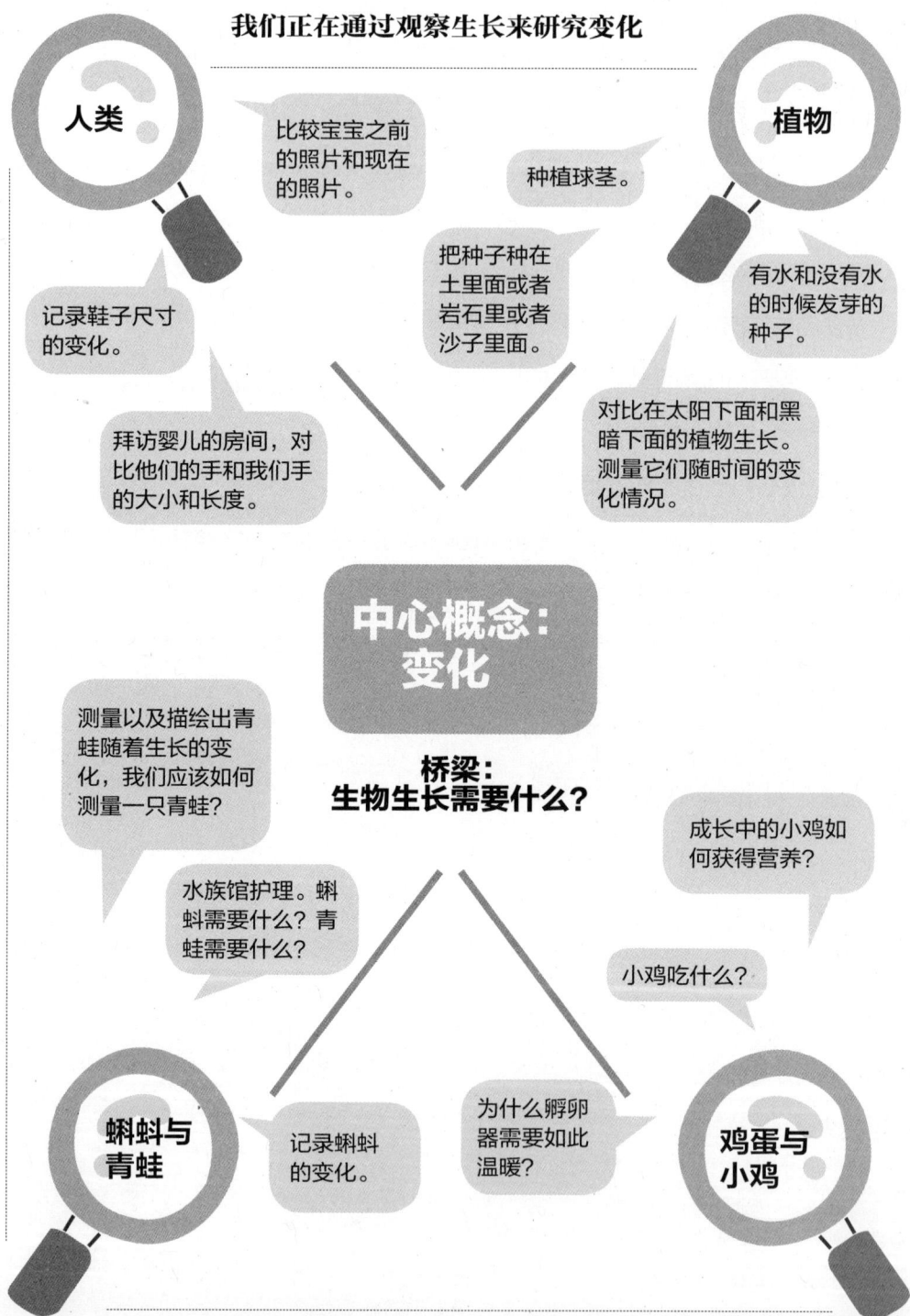

图2.1 体验的网络：生长带来的变化

我们正在通过观察家和家庭的结构来研究形式和功能

我们的家

画出来我们居住在哪种类型的家里面。

画出简单的家庭树。

家庭

走一走，看看不同的家。

给远方的家人写一封信。

画出来或者做一个家的模型。

家庭访谈：你的家庭里面有多少人？

中心概念：形状和功能

桥梁：家和家庭的形式帮助我们存活

比较在非常炎热和非常寒冷天气下的家。

把树当成家——观察住在树上的动物。

研究其他天气下人类的家——帐篷，冰屋，土坯房。

观察一只小鸟的巢。

别人的家

观察蜂窝。

动物的家

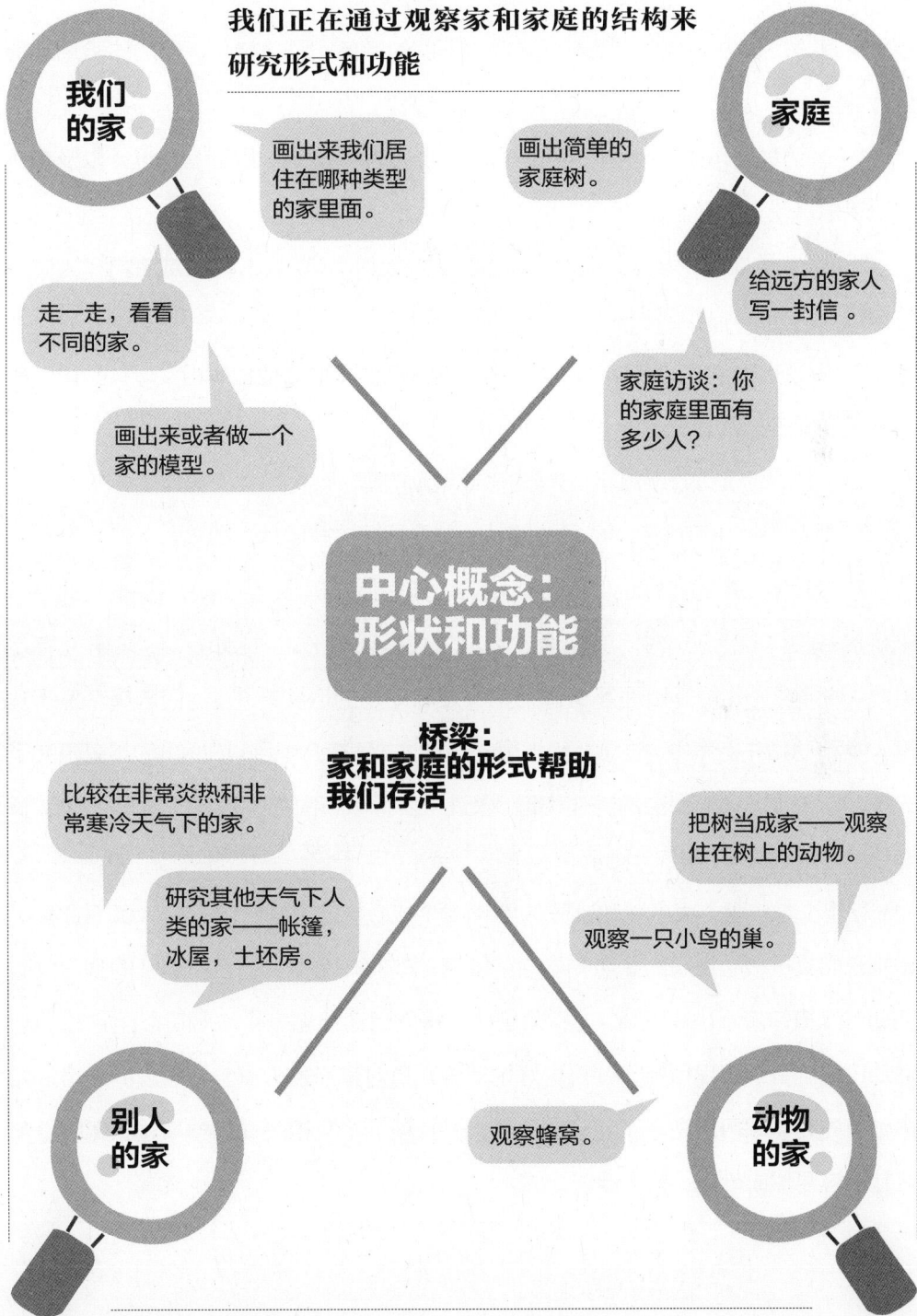

图2.2　体验的网络：形式和功能（结构）

家庭形式和功能的抽象概念可以通过下面的亲自实践，参与不同的体验活动得到理解：

1. 采访其他儿童，询问他们哪些家庭成员住得离家近，哪些住得远，以及有多少兄弟姐妹或者阿姨。

2. 互相数对方家里有几口人，画出图表说明家里有2、3、4，或者更多人口数的户数。

3. 解释扩大家庭的定义，并画出简单的家族树来更好地理解祖父母、父母、叔叔阿姨之间的关系。

4. 给扩大家庭的人寄去自己写的信或者画的画。

5. 找出杂志中有关家族成员的照片，并且根据这些照片编故事。

4岁和5岁儿童的教师也使用形式和功能作为核心概念，但是采用了不同的目标来桥接各种体验活动。他们决定通过观察生物运动的形式（比如行走）来研究特定概念。教师想让儿童开始理解身体结构决定着动物的运动方式。他们选择聚焦于观察人类和动物在空气中、陆地上和水里的运动方式。在几个月的时间里，儿童研究了人类、鸟、松鼠、鱼和海豹的身体构造，以进一步探索不同物种的行走模式（比如，长着翅膀才能飞，有了鳍游泳更简单）。图2.3描述了用于这一课程的网络结构。

在整个学年里，大多数教师只选用1～2个核心概念来搭建自己的PrePS课程。用来说明某一核心概念的焦点和学习体验活动非常非常多，而且所涉及的学习体验活动可以横跨多个内容领域。图2.4是一张每周活动计划表，教师可以用它来规划活动以达到其他课程目标，并且更好地指导儿童对某一核心概念或焦点的学习。如果你事先为学习目标做好了完备的计划，并且设计了互相关联的学习体验课程，那么就很容易形成可行的教学计划。

我们正在通过观察生物的运动研究形式和功能

人类

鸟

通过X射线和书本知识：我们的骨头看起来像什么？

通过X射线和书本知识：鸟的骨头看起来像什么？

观察描述每个人最喜欢的运动。

对比翅膀和爪子。

观察视频资料中的企鹅和鹰。

所有的鸟儿都是用同样的方式移动吗？

通过感觉观察手臂和腿上的骨头。测量。

中心概念：形式和功能

桥梁：
动物采用不同的方式移动。身体的结构影响动物的移动

鱼在水中是如何运动的？人类用来游泳的部位是哪里？

海豹的鳍和人的手或者脚一样吗？对比他们的X射线。

在鱼缸中或者视频里观察正在游泳的鱼。

海豹如何在陆地上运动？看视频资料。

鱼

海豹

海豹如何在水中游泳？与鱼和人类进行对比。

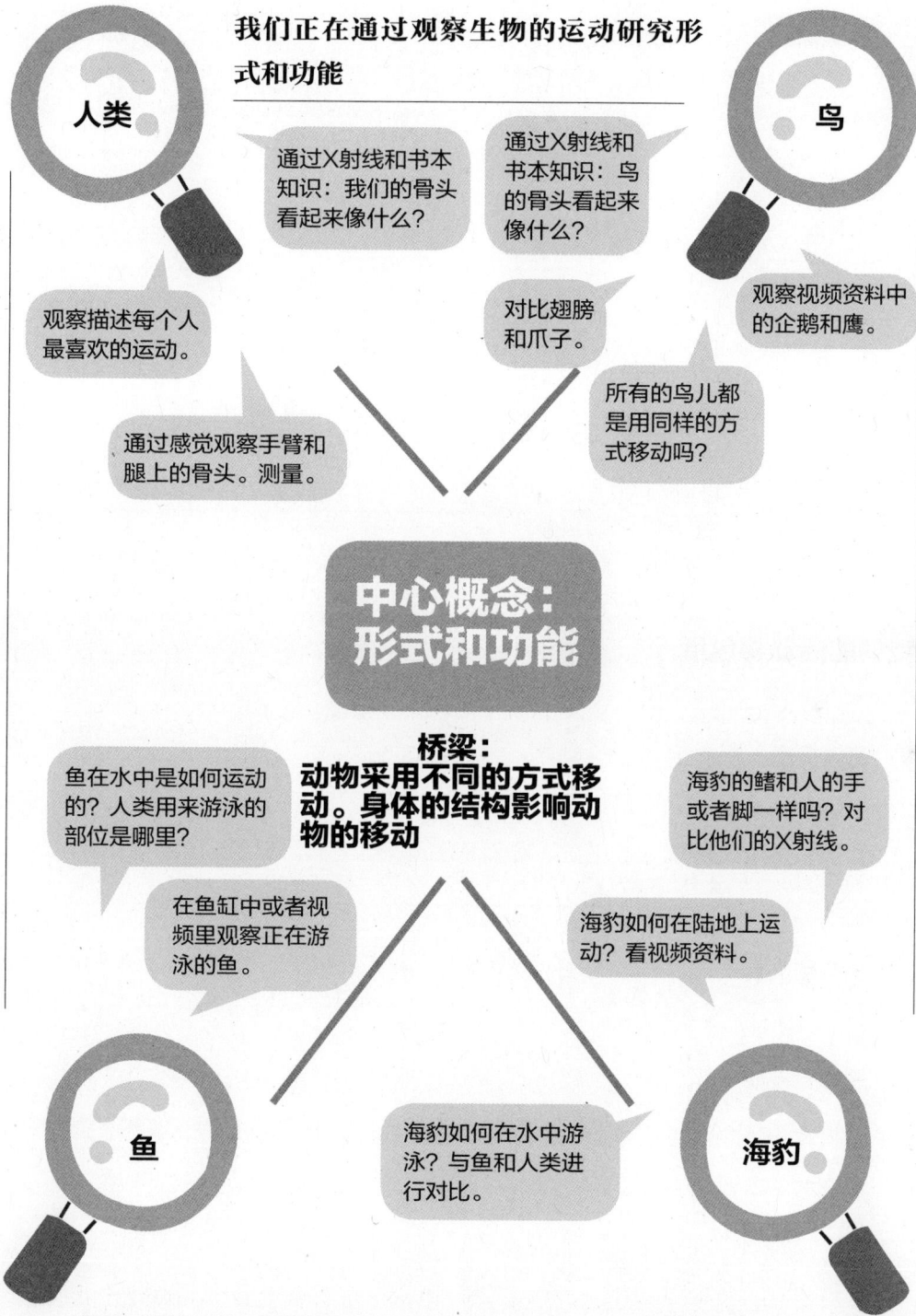

图2.3 体验的网络：形式和功能（运动）

每周活动计划表

我们正在研究
（中心概念）_____

通过
（子种类）_____

通过探索
（重点）_____

它是如何受到影响
（桥梁）_____

我们的活动将包括

科学探索
_____

数学和数字
_____

语言和文字
_____

感知觉技能
_____

创造力
_____

图2.4　每周活动计划表

周

戏剧表演和想象

_____

音乐和运动

_____

精细动作

_____

大动作

_____

户外探索

_____

社会性—情绪性

_____

家里的东西

_____

表2.1 核心概念和相关概念的范例

改变和变化	系统及其交互作用
生长和衰老	生态系统
四季更替/天气	共生关系
可逆/不可逆	血液循环
物质及属性（如液体、固体和气体）	水管
生物/非生物	栖息地和气候
生物体/非生物体的区别	**形式和功能**
生长和衰退	动物和人类运动
里/外	动物和人类的家
运动	交流
内部/外部控制点	工具及其使用

　　表2.1列出了一些成功应用的核心概念和子概念，虽然其中有些概念看起来对于学前儿童来说有点超前，但请注意我们的方法是基于之前的研究结果。除了表2.1之外，还存在很多其他的可能性，而且有些概念可能比表2.1中列出的更为基础。比如，生物体和非生物体的区别隐含了这一概念，即产生改变所需的能量来源会有不同。生物体自己创造能量，非生物体的改变或者运动依赖于外界的能量。然而，我们无法把能量作为核心概念，因为理解它需要更高级的物理学和生物学知识。当儿童开始接受生物体自己会运动是由于它们的物质构成这一观点时，他们已经很好地走上了学习之路，当他们进入学校时，便能够学习更多的生物学知识。同样，了解非生物体的变化条件的儿童也获得了物理学知识的学习基础。教师也希望儿童在未来的生活中，对学习科学知识充满兴趣。

　　在PrePS项目中，教师的首要目标在于指导儿童不断发现和形成联系。记住，儿童的思维比他们正在做的更重要。亲手操作诚然很重要，但是这种活动需要有目标的指导，不能一天的活动和之前或以后进行的活动相脱离。一旦教师熟练地掌握了这些，PrePS课程计划就能减轻他们的工作负担，因为每天的活动都有联系，因此区分"数学时间""科学时间""阅读时间"就没有那么重要了。PrePS教师设计的教学活动自然就能形成这些相应的技能。

　　当向他人介绍PrePS项目时，我们经常会比较特定项目的科学定义，就像"生日晚会科学"或者"魔法表演科学"中的科学定义。对于后者，成人会在儿童的注视下上演一场令人激动的视觉盛宴。比如，小观众坐在台下看着表演者把发酵粉和醋混合在一起，然后它们就像火山一样喷发了。这个节目虽然精彩，但在孩子们看来不过是个有趣的特技。儿童没有机会去探索所使用的粉末或者液体的性质，也无法弄懂在这两种干、湿物质混合后究竟发生了什么。和它们比起来，PrePS教师会让儿童参与一系列有前因后果的科学体验（见专栏2.1）。

专栏2.1

PrePS解释实验的方法

对于混合发酵粉和醋的实验，PrePS教师会这样说：

其实，如果它和你们课堂上的操作没有联系，发酵粉和醋的实验并不能说明任何问题。你需要把这一实验和一个更为核心的主题（上层的核心概念）联系起来。

这位教师指出在儿童还未能通过任何有意义的方式理解发酵粉和醋的实验时，需要先知道液体和粉末状固体混合时一般不会发生这种反应。

如果你们想探索这一实验蕴含的改变这一核心主题，就应该先探索物体由湿到干、由固体转化为液体的变化。

教师可以提供各类白色粉末（比如，玉米粉、大米粉、发酵粉、糖和明胶粉）让儿童以小组的方式进行探索。然后，儿童可以用他们的感官（比如，触、闻、看，甚至品尝）来系统地比较它们的区别，并且在教师的指导下记录自己的观察结果。

看，这样他们就学到了词汇（比如,纹理、光滑的、粗糙的、甜的、酸的、湿的、干的),而且这些词还能用于其他实验中。

孩子们还可以尝试类似于这种比较白色粉末的其他活动。比如，比较水果和蔬菜，或者讨论指尖上的皮肤对纹理的知觉能力。

就像这位教师解释的，孩子们可能从不会进行那项真正的实验，不会把3滴醋和5勺发酵粉混合在一起产生化学反应。PrePS强调可靠的调查方法，而不是特定的活动或者反应。在教室内，儿童们以小组形式亲自操作，发现了粉末的味道和纹理的差异，虽然这些白色粉末刚开始看上去几乎没有差别。比起观看一个孤立的无法解释的反应，这些词汇的合理使用，以及让儿童形成带有批判性、条理性的思维，对学习者来说是更为重要的。

一旦儿童意识到并不是所有的白色粉末都一样，他们就更能预测到在里面加入水会产生不同的反应。一个班级进行了一系列实验，把白大米放在不同的液体里面煮，比如，水、苹果汁、柠檬汁、牛奶和巧克力奶。儿童预测了每一种液体对白大米的颜色和味道会产生的影响，然后每个儿童品尝了一口煮熟的白大米，并在成人的指导下记录了最后成品的模样。具体的活动过程和上面相同——把大米和液体混合在一起加热，但是儿童必须先思考每种液体的特征，因此每一个实验条件都是独立的。实验过程中，要记录儿童的预测和观察，这样儿童就能够把他们的假设和实际结果做比较。请注意，这里强调语言和文化技能，当然也强调运用科学和数学技能来探索液体，形成不一样的做法。儿童对白大米在热巧克力奶中煮后结果的预测，告诉我们他们能够推断会发生什么。比如，一个女孩预测：白大米……尝起来会很酸……变成黄色，而且会很烫。

　　PrePS的成功依赖于教师自身设计个人课程规划的创造力和热情，我们知道向儿童展现一系列事实并不是学习科学的最佳途径，教师也没有必要一定根据固定的教学单元进行教学。PrePS提供了一个灵活可变的课程框架，教师根据自己的想法和目标进行选择。需要提醒的是，教师事先应该设定计划，但也应该遵从儿童开拓其他探索方式的愿望。儿童的观点、问题和兴趣也许可以引导班级产生前所未有的发现，但是也要记住最后要从其他途径回到最佳路径上来。

第4节
灵活可变的计划

在PrePS中，教师需要仔细地规划学习活动，但是也需要一定的灵活性以保证学习机会的最大化。PrePS教学法鼓励儿童积极参与自己的学习，孩子们会让你知道他们感兴趣的主题，也会用他们的问题和想法带领教师走上新的教学之路，虽然你会预见到孩子们会走一些弯路，但也会惊讶于他们的发现，甚至被其震撼。学习真的是通过教师和学习者的合作实现的。你可以大胆地根据孩子的兴趣点增加新的活动，甚至新的焦点，但请记住需要保证这些新活动和其他计划之间的联结。专栏2.2就说明了这种计划和灵活性之间的平衡。

专栏2.2

PrePS和灵活性

在一学年的某一段时间，一个早教班正在探索内部和外部的核心概念。这个班级的大多数活动主要涉及两个焦点：水果、蔬菜，身体。

在一项有关水果和蔬菜的活动中，儿童开始好奇这些食物身体内部发生了什么，从这个问题出发，产生了很多活动。儿童用听诊器听食物被孩子们咀嚼和吞下时的声音，再听他们自己胃消化时的声音。

班级儿童在讨论胃和食管这些内部器官时引出了骨头的问

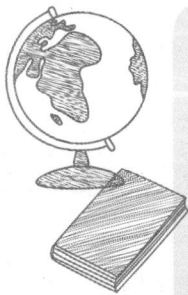

题，所以下一次就针对骨头和关节开展了活动。还特别采用了手指夹板和临时演员来演示固定关节，儿童尝试去使用这些关节（比如用大拇指贴着手掌来捡起硬币）。关于骨头的话题得到进一步扩展，孩子们谈到了恐龙和化石。教师无法为动手操作的小组提供真正的恐龙制品，所以教师只好选择其他物品来学习骨头的知识，最后决定使用鱼。首先，儿童拓印了鱼的身体表面，然后把一根干净的鱼骨按进石膏里，做成了鱼骨的化石。（注意：为防浪费，教师最后煮了这条鱼。当我们使用食物作为材料时，在确保卫生和可行的情况下，我们会在使用过后吃掉它。）

通过回应儿童想要探索的新方向，教师能够准备接下来的活动，使儿童提出他们感兴趣的问题。同时，教师也能够引导儿童走上预先规划的学习之路——思考人类和其他生物的内部和外部。

教师的规划和孩子兴趣之间的互相影响不容易察觉，也不被重视。当教师对儿童有关新活动的问题和兴趣做出反应时，就会让儿童觉得自己的想法很有分量和价值，儿童会为自己致力学习而感到自豪和兴奋。有时，孩子们的问题过于新颖，连教师都不知道答案。这时，教师可以说："我不知道。让我们一起找出答案吧。"这个时候，让孩子知道如何去获得答案比教师向儿童表明知道所有的答案更为重要。儿童的问题有时也反映了他们并没有按照教师期望的方式去解释信息；有时候这种错误理解可能来自于儿童同化新观念的尝试。如果是这样，教师就需要进一步引导儿童正确理解某个概念。知识的同化需要时间，但是如果儿童有足够的时间来以自己的方式去探索，他们能够吸收大量的信息，虽然直接提供答案和解决方案是最快的方法，但是通过自己去发现、构建联系，儿童能够获得更深的理解。因为，为同一概念提供多重体验活动是深化理解的关键要素之一。

小结

PrePS是一种向学前儿童传授科学知识的方法。因此，它明确地列出了一些必须要遵守的准则（比如，应该围绕核心概念设置学习体验活动），但是计划具体如何设定需要依班级特点而异，这也是我们之所以用"路"来形容这一项目的原因之一。假设你是美国大峡谷的一名导游，你的目标是把团带到大峡谷，至于具体选择哪条路到达目的地可以因人而异。作为一名导游你会事先仔细规划你的行程，如果让你的旅游团探索旁支小径，或者停下来观察一下他们问起的有趣植物，这一行程会更加精彩。导游最终把团带到了目的地，但行程又不乏灵活性，因为达到目标的途径不止一个。就像一位PrePS教师所形容的：

（儿童）会告诉你他们想在沿途做什么，会让你知道他们对什么感兴趣，而且还会问你从未想过的问题。这时教师不用担心，停下来调查一下，但是别让孩子们主导整个旅程。你需要在开始一个新项目时定下目标，你想让孩子们思考什么呢？

本书以下的部分会帮助你完成向PrePS的转化。

第3章
主要的科学教育实例

　　科学内容和科学实践一直并且必须是并行的（Kuhn，1962）。科学实践（比如观察和预测）的进行需要有科学研究的主体（观察和学习的对象）的参与。在第2章中我们总结了哪些领域的内容更适合早期教育，因为儿童已经具备了研究这些内容的基本能力。当儿童能够长时间充分地探索某一概念性的内容，而不是简单地从一个观念跳到另一个观念时，才能更有效地学习概念性的内容。因此，科学内容很重要，但是如果只让孩子死记硬背，而不给予科学实践的机会，科学对于儿童来说不过就是一个个没有意义的事实。我们希望儿童可以认为自己也能成为小科学家。我们开拓科学素养的学前教育之路（PrePS™）的目标是鼓励所有儿童变身为"小科学家"，让他们去思考、探索和研究，从而形成系统的想法。本章重点讲述科学的实践，但同时也强调这些实践方法和科学主体的关联性。

PrePS项目中的儿童被鼓励用科学的思维去思考、对话和工作。这些科学实践是彼此关联的——你不能把它们分离开。儿童积极地观察、预测和检验是在学习正确描述这些活动的词语。当儿童对某一事物进行过仔细的观察，而不仅是瞥过一眼时，他们对这种事物的想法会很不一样。

我们选择了5项科学实践来讲述思维和科学教育的方法。每一项实践都有下面这些互相联系的技能：

1. 观察、预测和检验。

2. 比较、对比和实验。

3. 词汇、对话和语言。

4. 数数、测量和数学。

5. 记录和保存。

在本章中我们会从各个概念领域的具体内容中阐述这几项主要科学实践，这一途径能够提供更多PrePS课堂产生的学习体验案例，它也说明了科学实践能够被广泛地应用于各个内容领域。我们所进行的科学教育最早开始于向班级介绍观察、预测和检验的方法。这些具体案例也涉及了很多其他科学实践方式，由于大多数科学学习活动包含了不止一种科学实践方式，因此我们很难孤立地介绍它们。

第1节
观察、预测和检验

多年来，我们一直用一个苹果的故事向儿童介绍观察的概念。这一活动通常在小组活动时间进行，教师给每个孩子准备一个苹果，或者让所有同学传递一个苹果。苹果传到谁手上，他就要说出一个对苹果的观察结果，比如"它是红色的""它闻着很甜""它摸着很凉"。这时，教师、助理教师或者另外一名成人要写下这些观察的结果。注意在最初的尝试中，孩子们的积极参与性比答案的正确性更为重要。比如，孩子说"苹果闻起来像果汁"，这时，教师不应该急于纠正孩子的说法，而是应该问"它闻起来像果汁？那果汁闻起来是什么味道？"来弄清楚孩子的意思。其他孩子可能把苹果举到耳朵边上，观察到它没法发出声音。

这一案例看起来很不切实际。毕竟，大多数幼儿都对苹果非常熟悉，所以教师怎么可能用它来吸引孩子们的注意力呢？然而，这就是向幼儿传授科学知识的一大神奇之处——可以让每个人以崭新的视角去审视日常生活中常见的物体和事件。如果你在观看一个新班级首次观察苹果的录像时，会非常惊奇地看到孩子们非常认真地参与到这项任务中去。一位观看这一视频的教师为此感到惊奇，因为这些孩子表现得好像以前从没有见过苹果一样。他们以前当然见过苹果，但是没有仔细地观察过。新的科学用语和实践的引入让普通的苹果变为了科学探索的对象。本章后面的活动3.1详细介绍了如何用苹果引入观察的概念，而活动3.2以苹果为道具介绍了一项简单的预测活动。

在整个PrePS，甚至在一些算不上是科学的领域中，人们都能重复地用到观察、预测和检验方式。比如，教师可以让儿童根据对一本书封面的观察去预测里面的故事内容。看书则可以检验自己的推测，同时增加自己的文学修养，获得阅读趣味。当儿童读故事时遇到了生词，教师可以鼓励他根据故事情境来推断这些生词的意思。你再问问儿童怎么样才能检验，并且确定自己的推断是否正确，他们也许会告诉教师："可以查字典或者向其他成人确认。"教师如果对儿童的回答感到满意，可以让他们观察自己的笑脸，推测一下教师内心的感觉。在这种情况下，教师的笑容也是儿童可以通过自己的科学技能来观察的。正如专栏3.1和专栏3.2所示，当儿童有多种机会参与科学实践，他们能够产生新的观点、词语，并把这些科学实践融入自己的讲话和行为中。

完成"苹果"实验后，下一步如何进行取决于每位教师的教学目标，或班集体的兴趣所在。有时候我们会按照观察——预测——检验的实验顺序研究其他水果和蔬菜。这也可以让我们引入对比和比较的方法，从而发现一些植物中有种子，而在其他植物里没有，这样可以帮助儿童对植物进行探索，并观察形状和功能的联系，或者讨论水果的内部和外部有什么区别。这些也都可以引导儿童对种子、种植和生长进行一系列的讨论。有的课堂也会进一步深入探索各种感觉（见第4章）。

专栏3.1

鸟的观察

儿童在观察过3只鸟的外形后记录了下面的内容：

它们的尾巴呈黑色，上面有白点。

它们在附近飞、跳。

它们长着尖尖的橘色的喙。

它们吃饭和喝水。

雄鸟和雌鸟的外形不同。

鸟宝宝长着橘色的喙。

它们叽叽叽地叫着。

当儿童要预测出鸟的身体里面是什么时，一个孩子提道："有时候你自己的身体也可以提供线索。"这一论断很值得推敲。它表明这个男孩懂得人类和鸟类具有某些共同的关键特征。这也说明他意识到虽然预测就像在猜，但你依然能够根据你所知道的信息使你的猜测变得更为准确。

在观察方法的实践过程中，也可以引入对科学研究工具的介绍和使用。放大镜可以拓展我们的视觉能力，观察肉眼无法看清楚的细小物体或细节。天平可以帮助我们分辨哪一种物体更重，尤其是在两者的重量非常接近时，它非常有用（见专栏3.3）。开展早期教育的规范强调需要向幼儿提供观察和测量各种事物的工具。在PrePS学习体验中，儿童可以通过多种方式，有目的地使用观察和测量工具，不仅掌握了这些工具的使用方法，而且还获得了可以使用这些工具解决何种问题的宝贵经验。

第2节
比较、对比和实验

儿童很快就会习惯通过描述物体和事件来观察事物。然后，儿童很自然地就能将所观察的事物与已知的事物的特征进行比较和对比。比如，一个小孩子会说薄荷味道的橡皮泥闻起来"像牙膏"或者"像口香糖"；两枚贝壳都是棕色的，但是"一个上面有点点，另外一个上面没有"。当儿童可以描述物体，注意到它们的相同和不同之处，他们就会开始对这些物体进行分类。

专栏3.2
根据先前的经验进行预测

一位教师通过让孩子们预测苹果里面有多少粒种子，然后把苹果切开来检验预测是否正确。以这种方式来引入预测和检验的概念。这一活动每天都会进行，开展了一周。随着孩子们经验的增长，他们的预测越来越合理，而且儿童在倾听他人说话时越来越有耐心，变得不会想急于"纠正"对方。到下个星期，教师和班上一个4岁的小孩待在一起。当她准备切开午餐要吃的苹果时，教师预测了里面种子的数量。

教师：我预测有8粒。

儿童：我预测有5粒。

教师：不，我说有8粒。

儿童：如果你想预测得更准确的话，就说5粒。

教师：我认为我们已经讨论过我可以有不同的……

儿童：我知道你的预测和我的不同，那完全可以，但是如果你想正确的概率高一些，就应该预测是5粒，因为如果你把苹果切成两半（横着切），就会出现1个五角星一样的东西，而每个角（指着五角星）都有1粒种子，所以如果你想猜得更正确，就应该说5粒。

当这个苹果被切成两半，中间果然有个五角星形状。每个角都有1粒种子，但其中1个角长了两粒种子，儿童比教师做出了更准确的预测。更重要的是，这一预测来自于反复的观察和亲手的操作。PrePS课堂的儿童很快就能够自己使用科学用语，操作科学程序。

从我们的经验来看，儿童能够很容易地说出两个物体间的区别。然而，如果两个物体间有一点点不同，他们也不会说两者是"相同的"。比如，大多数成人都会认为西红柿和苹果有一样的颜色，但是学前儿童通常不会，他们会分得特别细，认为其中一种是"淡红色"，而另一种是"再淡一点点的红色"，而不会说两个都是红色的。我们发现比较有效的问法是让儿童告诉我们怎么样才是"相同的"或者"几乎相同的"。我们也会重新组织孩子们的语言反馈给他们，这时，我们会承认他们所说的不同之处，但是会强调两个物体的相似之处。在进行上述谈话之后，我们说："说对了，你做出了重大发现！这两个都是红色的。这是它们相似的部分，但是这个红色比那个红色浅一点，这是它们不同的地方。"

当我们稍微改动这一任务之后，孩子们表现出已经知道西红柿和苹果都是红色的。如果成人给他们提供一定范畴，并让他们把范畴内的东西分到一起。比如，把红色的东西放到一起，孩子们就能很熟练地完成这一任务。同样，当告诉儿童我们可能要出游聚餐，并且需要带上所有红色的食物时，他们也能毫无困难地列出西红柿、苹果、西瓜等（Macario，1991）。教师们可以通过贝壳、石头或者坚果这些根据大小、颜色和形状进行不同组合的物体来让儿童练习分类。根据自然属性的不同来对自然物体进行分类，可以让儿童忽视不同属性上的差异，把注意力放在和分类有关的属性上。这种分类任务可以锻炼儿童的思维技巧，让他们不再只关注于表面的一致性，而去注意不那么明显的共同特征。

专栏3.3
科学研究工具的介绍

你也许已经拥有供儿童使用的放大镜和测量工具，你也许把它们放在了发现区或者摆在实验桌上。但是，就像这些工具如果不在教室里，儿童就不可能学会如何使用它们一样，因此单纯地陈列这些工具，也并不意味着儿童会对它们感兴趣，或者琢磨出它们的使用方法。教师观察研究表明，儿童更倾向于在艺术、表演区域和积木区域做游戏，而不愿意待在科学区域（源自戈尔曼认知发展和学习实验室里尚未发表的数据）。而且，即使儿童待在科学区域，他们也不会按照我们设想的方式使用这些工具和材料。我们应该给孩子自己探索科研工具的时间，但是他们也需要教师的指导，这样这些工具才能够帮助他们观察和探索这个世界。

例如，在引入放大镜时，你可以设置一种情境，孩子们没有办法直接看到，而必须要进一步仔细地观看这个物体才能看到它的细节。有了放大镜的帮助，儿童就能更容易地数出昆虫的腿、观察指纹图案或者树干上的年轮。你可以让儿童懂得他们依然需要用自己的眼睛去看，但是在放大镜的帮助下，眼睛能看得更清楚，它们俩协同合作，就像一对组合一样（见图3.1），放大镜能够帮助他们更好地观察。

图3.1 使用放大镜

　　儿童可以用自己的双手来比较两个物体的重量，借助儿童的这一知识基础，教师可以向儿童引入天平（见图3.2）这一工具。教师可以设置一个情境，其中两个物体几乎一样重，儿童无法直接用双手感觉出哪一个物体更重。当儿童学会用放大镜时，他们就明白有时候自己的感官也需要帮忙。天平可以帮助儿童找出哪个（或者哪堆）物体更重，或者两个（或两堆）物体是否一样重。向儿童介绍这些科研工具的正确使用方法，可以让儿童更乐于自己去科学区域探索这些工具和材料（Nayfeld, Brenneman, & Gelman, 2009）。

图3.2 使用天平

　　识别相同点和不同点这一关键的思维方式能够应用于很多内容领域，包括读写、科学和数学领域。他们的这种思维方式在儿童开始根据某些，而不是其他相似的关系或者属性进行分类之后会得到提高（Gentner，2005）。

　　例如，儿童会慢慢懂得相比起鲸和鱼相似的外表，它们之间呼吸和繁殖方式的不同更重要。苏珊·戈尔曼（SuSan Gelman）和艾伦·马克曼（Ellen Marlcman）等人的研究表明，即使非常小的孩子也能够超越物体表面的相似性而根据动物更深层和抽象的相关之处进行正确的分类。在实验中戈尔曼和马克曼

（1986）一次向儿童展示3幅图片：火烈鸟、蝙蝠和画眉鸟。其中火烈鸟和画眉鸟都属于鸟类，而画眉鸟和蝙蝠的外表比较相似。主试会跟儿童说："这只鸟（火烈鸟）给它的宝宝喂嚼碎的食物，而蝙蝠喂的是奶。"然后问儿童画眉鸟给鸟宝宝喂的是什么。如果学前儿童被这些动物的外表所迷惑的话，他们应该回答"奶"。然而，绝大多数情况下，儿童是根据这些动物的种类而不是外表来做出自己的判断。根据儿童的这种能力，我们设计了相应的学习活动。

一项活动要求儿童在学过了鳗是鱼而不是蛇之后，找出蛇、鳗鱼和鱼的相同和不同之处。这项活动的重要之处不仅在于让儿童从中学会了知识，还强调个体能够寻找证据来支持自己的结论，并且懂得当对动物进行种属分类的时候，有一些共同点比其他的共同点要更重要。

对比和比较的能力也是理解实验的基础。一个最简单的、真正的实验需要包含两个仅有一处不同的事物。实验者用同样的方式处理这两个事物，然后比较其产物的差异，如果其结果有差异，我们就可以说这一差异和仅有的那一处不同有关。（当然，这里我们对实验的复杂性略做介绍，但正因如此，它被称为简单实验。）比如，假想你听说过柠檬汁可以防止切开的苹果变成棕色。如果你想用简单实验来检验这一观点，你可以切开苹果，把其中一半刷上柠檬汁，另外一半不做任何处理。这样，这两半苹果出现的差异可以归因于柠檬汁的效果，因为这两半苹果只有这一点存在不同。相反，如果你把澳洲青苹果和红富士苹果分别切开，然后只在澳洲青苹果上涂上柠檬汁，最后观察到红富士苹果变色了，但是澳洲青苹果没有。这时，你就无法确定是柠檬汁还是苹果品种的不同造成了最后结果的差异。PrePS课堂里的儿童有大量的机会去做实验，包括平常的小实验和具有科研性质的实验。

在PrePS项目中，教师不需要花很多时间解释背后的逻辑，他们只需要设计简单的、可操作的实验让儿童参与其中。教师通常可以从儿童提出的问题中形成所要研究的问题，然后全班使用实验的方法来找出答案。这些调查活动和班级探索的概念有关，而且很多是发生在儿童已经具备了一定的相关基础知识之后。比如，很多学前儿童都能说出植物需要太阳才能生长。你可以把这一想法转化为实验，把同一种植物分别种在密闭的柜子里和窗户边。这一简单的实验就可以让儿童自己获得收集证明材料的经验（见专栏3.4）。通过这种方式，科学事实就能真正为儿童所理解，而不仅是口头上说说的内容。简单的实验也让儿童有机会体验科学是产生知识的重要方式之一。科学家通过探索、调查、做实验建立对世界的理解。PrePS的目标之一就是让儿童把科研方法视为收集信息、探索世界的重要方式。

专栏3.4

脂肪手套实验

在探索季节更替这一主题时，有一个焦点便是动物对强风和寒冷的适应。关于这个焦点我们进行了一系列实验来探讨脂肪、羽毛和其他材料的保暖性。这项实验包括把脂肪（固态的植物油）倒入一些手套的密封夹层里。儿童把一只手伸进这种填充脂肪的手套里，另一只手放进没有填充脂肪的手套里，然后他们把双手浸入一盆冰水中（见图3.3）。

备注：在这一实验中，作为对照组所使用的手套和实验组的看起来完全相同，只是没有在手套中填充材料。如果孩子们直接把手放进冰水中，将会使实验出现混淆因素：我们无法确定是填充材料还是手套本身保持了手的温度。儿童也许不会发现实验中的这一问题，但是教师应该知道什么才是正确的检验方法。

在这之前，儿童需要预测手在有脂肪和没有脂肪的情况下，哪一种情况更暖和。实验完成之后，儿童要在一张结果表上记录自己的成果。然后，我们改变了手套里的材料（有羽毛或无羽毛），从而拓展了儿童对这一问题的学习和实验。这一系列探索采用了各种不同的手套夹层材质，进行了很多天的实

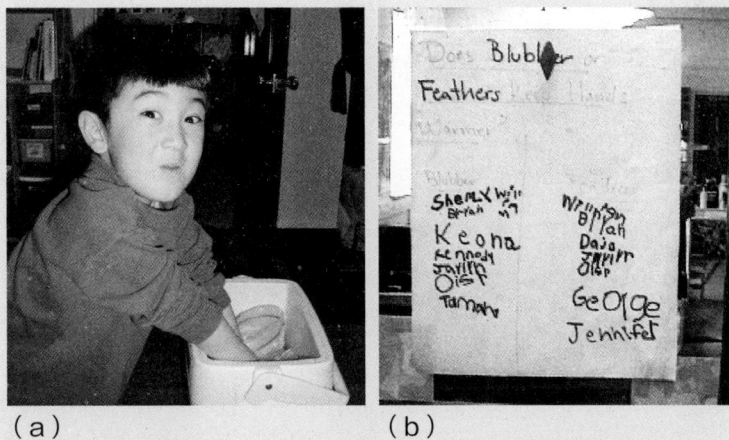

图3.3　脂肪手套实验（a）和结果记录表（b）。记录表上写着：
"哪一种能让手更暖和，脂肪还是羽毛？"儿童在羽毛（表的左侧）
或脂肪（表的右侧）一栏写上自己的名字。

验。我们发现当儿童拥有了这些拓展经验（和没有这样的经验

相比）之后，变得更擅长自己设计简单的实验来回答"待解

决"的问题了。这为孩子们将来在学校里正式学习科学课程提

供了重要的学习基础。

　　关于这项实验实施的具体过程,请见本章活动3.3的详细介绍。

第3节
词汇、对话和语言

教师应该为儿童学习与探索相应的科学用语提供机会。比起日常用语，科学用语可以让儿童以更丰富的方式深入讨论他们的发现和问题。刚开始，人们认为期待一个4岁的小孩能够理解和使用像"观察"和"研究"这样的词汇简直是异想天开，但其实儿童是能够很快掌握这些词汇的。当儿童在合适的情境中一再重复使用这些词后，他们就学会了如何使用。他们生来就倾向于观察、探索和研究世界。在这些活动中，当教师恰当地插入词汇的学习，这些词的重要性就得到了强化。参与这些活动的儿童也开始反思自己正在做的是什么，并且开始思考和讨论自己的探索。

教师可以间接或者直接引入描述科学实践的词汇。比如，观察、预测、记录、研究日记、比较和对比。教师可以说："我观察到外面正在下雨。"而不是"下雨了。"你不需要要求儿童马上就学会这些词语，由于科学实践活动本身和这些科学词汇的练习都是反复进行的，因此儿童可以在各种情境中接触到这些词语，这些会帮助他们掌握这些词汇的意义。教师在指导儿童探索特定内容时，也可以引入相应的名词和形容词。如果这一课是讲植物的，那么教师可以使用词汇来标记其部分，比如，根、茎、叶、种子、花命名所研究的植物，比如，豆子、万寿菊、仙人掌；形容它们的特征，比如，长的、细的、黄色的、多刺的。由于PrePS长期探索着相近的内容，儿童可以多次在不同情境中学习这些新词，因此能够更好地理解它们的意义。

当然，在使用这些词汇时有一些注意事项。如果你想向儿童引入某一新词，就需要仔细地思考如何用正确和恰当的方式来解释它的意思。物理和教育学专家大卫·汉默（David Hammer，1999）提出，要避免用内涵过于复杂的科学词汇取

代儿童对科学现象原有的简单理解。他举了一个科学魔术师的例子：这位魔术师给
5岁的孩子们表演了一个魔术，向烧杯里充满空气之后，他没法把装满水的气球放
入烧杯里的魔术，然后他问孩子们应该怎么做，孩子们建议"把空气弄出来"。
这位科学家回答："很接近了，但是我们必须使用"能量"这个词。"汉默认为
相比起科学家的解释，5岁孩子的解释反而更容易理解，并且其他小朋友也更容
易明白。词汇是让儿童表达自己对科学的理解和观点的重要工具。人们倾听儿童
的解释，不是为了听儿童使用了多少"大"科学术语，而是为了了解儿童的理解
（Appelbaum & Clark，2001；Gallas，1995）。儿童应该对科学的学习感到从
容和自信。为了更好地指导和扩展儿童的科学理解和科学用语，教师应该仔细地选
择自己所用的词汇，然后频繁地使用它们（见表3.1）。

表3.1 多次重复使用的词汇

观察	感觉	描述	调查	形状	数数	记录
观察结果	看	比较	调查	大小	测量	研究日记
预测	摸	对比	探索	高度	测量结果	
预测结果	质地	相同的	发现	长度		
检验	听	不同的	实验	宽度		
发现	闻	相同点	测验	称量		
结果	品尝	不同点	重量			

科学实践可以推动儿童在观察、比较和对比具体事物及事件的特征时使用描述
性语言。对科学方法和概念的讨论需要使用复杂句式。比如，人们可以使用简单句
说："植物会生长。"但是，如果要描述植物需要什么才能生长或者如何生长时，
就需要使用更为复杂的句式，比如"如果你给植物浇水，它就可以长大"，或者"植
物需要阳光和土壤才能长大"。由于对概念的理解逐渐细化，能够精确表达这些概
念的句子会变得复杂化（Gelman & Brenneman，in press；Gelman，Romo &
Francis，2002）。随着儿童科学和语言技能的增长，这两者会相互加强，变得越来
越精细。专栏3.5选取了儿童小组讨论的内容，说明了这点。

专栏3.5

科学词汇的运用

　　这些对话来自于两个班级，一个班级主要向附近的西班牙母语的移民居住区开放，而另一班级向大学社区开放。作为系列活动的一部分，这一活动探索生物体和非生物体的区别（见第1章和第2章）。我们阅读并且讨论了利奥·李奥尼（Leo Lionni）的《亚历山大和发条老鼠》（*Alexander and the Wind-Up Mouse*, 2006, 科诺夫幼儿出版社）。它讲述了两只老鼠的故事：一只叫亚历山大的真正的老鼠和另一只叫威利的发条玩具老鼠。请注意儿童在以下对话中所使用的复杂句式和描述性词汇。这些对话也说明儿童懂得很多关于真正的动物和玩具动物之间的需求和能力的差异，并且表现出一些复杂的社会情绪意识。

　　教师：（告诉我）一个证明这只是亚历山大，而那是威利的理由，这只是真的老鼠而那只不是。你的理由是什么？

　　儿童：因为那只上面有一个发条，而这只没有。

　　教师：这个理由非常棒！

　　儿童：而且那只有轮子，这只没有。

　　教师：这个也……

　　儿童：而且这只有腿。

　　教师：好，如果有一道门的钥匙，你可以把钥匙插进去，然后拧一下，而这是老鼠的钥匙，你也可以拧一下。

　　儿童：太棒了！它的轮子转起来，开始动了。

　　教师：而且它跟轮子一起走了。

　　儿童：是的！

教师：这只（真正的老鼠）需要上发条才能走吗？

孩子们：不需要！

儿童：它完全可以自己走。

教师：它完全可以自己走。

孩子们：因为它是真的！因为它长了腿！

教师：（亚历山大）想要厨房里的什么？

孩子们：碎屑。

教师：什么的碎屑？

儿童：奶酪。

其他儿童：食物。

教师：奶酪或者食物。你们觉得威利需要食物吗？

孩子们：不。

教师：你们认为威利能得到食物吗？

孩子们：不。

儿童：它没法张嘴。

另一个儿童：它需要人给它上发条。

儿童：如果你踩到一只老鼠，它会死掉。

教师：如果你踩到它，它会死掉或者受伤，是吗？

儿童：是的。

教师：如果你踩到发条老鼠身上，会发生什么？

儿童：它会坏掉。

教师：它会坏掉。

儿童：因为它是个玩具。

儿童：它累了。

教师：它看起来确实累了，你的理由是什么？

儿童：因为他的眼皮儿快合上了。

教师：快合上了。这个故事讲述了亚历山大对威利很忌妒。那，这意味着什么呢？亚历山大想像威利一样做一只发条老鼠，得到拥抱和爱。所以，这意味着它很忌妒，其实它想成为威利。

儿童：为什么？

教师：这个问题很棒。它为什么想成为威利？

儿童：因为它希望每个人都像喜爱威利一样喜爱它。

教师：我想你是对的。我想你完全正确。

儿童：人类造出了那只假老鼠。

教师：人类造出了假老鼠？这个评论非常有趣。我想我们并没有说过是人类创造了那只老鼠。我们怎么得到真正的老鼠的？它们是从哪儿来的？

儿童：它们的洞，它们的家。

教师：从它们的洞里面来的？

儿童：它们住在土里。

另一个儿童：不是的，它们住在房子的洞里面。

教师：但是如果这只是由人类造出来的，那真正的老鼠是谁造出来的？

儿童：它的妈妈！

教师：对了，是由母老鼠生出来的。

本章最后，活动3.4介绍了这一活动的科学规划表，并且扩展到儿童对真正的发条玩具内部构造的探索。

第4节
数数、测量和数学

　　一般来说，早教课堂只会涉及非常少的数学教育（Ginsburg，Lee，& Boyd，2008）。这很少的数学教育经常是让儿童完成一张表，根据每一张图中物体的数量把图画和相应的数字连起来（Stipek，2008）。然而，在科学情境中运用数学思维可以让教师把更有意义的数学知识带入课堂，这也可以让儿童在其中使用数学思维，而不只是机械地数数。PrePS通过向儿童提供各种使用数学来定义和描述这个世界的机会，从而推动了儿童数学性思维的发展。这些数学的学习机会和当前的活动设计并不冲突，因为数学是科学体验的一部分，它通常能引发幼儿惊人的复杂性思维。活动3.2阐述了这一点。每天，儿童需要预测苹果里种子的数量，然后通过数数来检验自己的预测。在儿童每天都不断地重复着预测和检验种子数量的过程之后，儿童的估算技能就得到了提高。当儿童第一次参与这项活动时，他们估计的数目可能会很不切实际地大，比如"100个"，但是有了经验之后，他们的估计就更加贴合实际、更加准确，比如"6个"。

　　教师可以利用儿童的估计和预测能力开发他们的数学能力。在一个PrePS教室里，教师和孩子们唱了一首歌，这首歌讲述了一个面包师有9个甜甜圈。把歌词写在一张法兰绒板上："来的是琼恩，付了1便士。他拿着1个甜甜圈走了。"一个事先指定好的小朋友拿掉了1个甜甜圈，其余的孩子需要预测剩下的数目。孩子们的答案五花八门，但大多数都很接近正确答案。比如"也许是7个""我想是8个"，然后孩子们通过数数来检验自己的预测。唱歌的形式能够很好地启发数学性推理，以至祖尔（Osnat Zur）和沃德之后设计出了一个先拿走其中两三个再把它们放回去的版本。研究者发现即使数字任务变难了，儿童也能很快地算出正确答案。这一系列的研究创造了一套可以系统地探索儿童的加法、减法和数数能力的任务（Zur & Gelman，2004）。在这一活动中，数数活动不再那么机械，而是和数学运算和检验数学预测的目标联系起来。

图3.4 木瓜里面有多少种子

在另一个教室中，教师在探索"什么种类的植物里有种子"这一话题时，引入了对木瓜的探索。班上大多数孩子都没有见过木瓜（见图3.4），所以教师让孩子们对这一新奇的物品进行了观察、预测和检验的探索。当木瓜被切开验证孩子们的预测时，孩子们都被里面种子的数量惊呆了。他们很快就开始喊出自己对种子数量的估计。教师趁机夸奖了孩子们的兴趣和热情，并趁此为他们构建非正式的数学体验。教师指导着孩子们数完了半个木瓜里的种子，然后向他们传授了这个数字的双倍，很可能代表整个木瓜的种子数这一观念。这一体验比让孩子机械地从小数数到大数（在早教课堂中经常是这样）要丰富得多，因为它要求根据实际情况来确定数数的方法。这也锻炼了儿童操作大数目的能力，让儿童体验到使用大数字数数的真实情况。最后，这一体验课程也让儿童能够把数学应用于实际，从而回答和自己密切相关的问题，让他们发现数学是解决日常问题的重要工具。

分类活动也能够培养儿童的观察和归类能力。在一项探索贝壳的活动中，儿童先根据大小对贝壳进行分类，然后，再根据颜色来分类。最后，分别数出了黑色、棕色、白色和粉色贝壳的数量，并且把结果制成了一张简单的图表。这一张图表是用来练习数量的比较。比如，白色贝壳比棕色的贝壳多吗？数量最多的贝壳是哪一种颜色？最少的呢？使用图表来讨论数量是一个可以让教师发现儿童的数学性思维的范例。一个儿童指出图表上最短的一行像"一座房子"，位于中间的像一个"竖着几个尖尖的教堂"，而最长的则是"一座摩天大楼"。这说明这个孩子注意到了这个图表是根据数量多少排列起来的，然后根据这个做出了一个类比。这一排列很有条理，并且让我们联想到儿童能够把松果按照尺寸的小、中、大分成松果宝宝、松果妈妈和松果爸爸。我们的观点是即使你把更多的数学引入课堂，也不是每一个儿童都能发展出这种水平的推理能力。但是，如果你不将数学引入其中，你永远都不会知道儿童是否能拥有这些能力。而且，如果你没有向儿童提供这些能够帮助他们学习的体验，他们就会失去学习和谈论自己学习数学想法的机会。

科学活动也为测量工具的使用提供了充足的机会（见图3.5）。如果只是把尺子

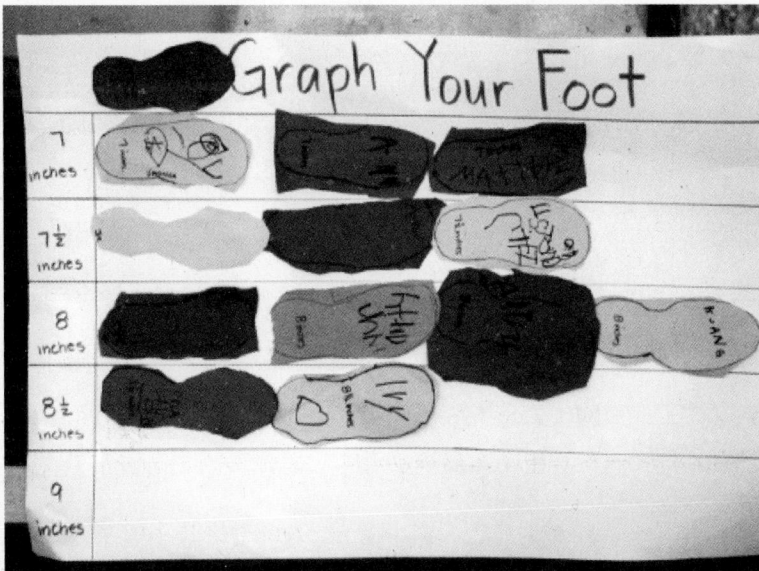

图3.5　更多有关数学的活动

和一个秤放在桌子上，儿童不可能知道可以用这些工具系统地描述世界。前面也讲过，在活动进行的过程中引入工具，才能够促使儿童主动去创造性地使用这些测量工具。当然，如果孩子本来喜欢把木尺当剑使，他也不可能在一朝之间改变自己的行为。对工具的独立探索有利于培养儿童的创造性，而在指导下的探索则可以帮助儿童学会使用工具，并且能够让他们在以后更有目的性地使用这些工具。一方面通过仔细的选择用来观察和测量的工具，另一方面根据具体的例子传授使用方法，教师可以让儿童更加熟悉这些工具，更好地探索自己的活动，并且能够从新的角度来观察日常的活动（见专栏3.6）。

通过向儿童提供具体而有意义的应用数学的机会。比如，测量一块木塔，比较自己和朋友的身高，追踪记录太阳花的生长高度，PrePS项目唤醒了儿童的数学意识和自信。在打开小学一年级的课本前，儿童就已经把数学作为探索世界的有力工具。我们也希望这些早期经历能够把儿童引入对数学的终身学习与探求过程中。如果儿童坚信他们能够学会数学，而且它很有用、也很有趣，那么他们长大以后就不太会惧怕或者厌恶学习数学。

专栏3.6
观察和测量工具的使用

关于日常活动新观点的一项案例来自于我们在罗格斯大学的道格拉斯心理学儿童研究中心所接触的儿童。作为对蛇的探索活动之一，儿童学习到了蛇猎食动物的不同方式。我们当时所用的书还介绍了每种蛇的平均长度。根据这本书我们发现，网纹蟒是9.753米长。

为了让儿童更了解这一数字的意义，其中两位教师决定把孩子带到室外，并且测量9.753米是多长。刚开始时，我们使用直尺和卷尺测量，但是孩子们对此感到很没劲。当我们量到

9.753米时，我们决定让孩子们挨个儿躺下来，并且排出和网纹蟒同样的长度。整个班级发现，网纹蟒有9个孩子那么长，而我们发现，直到我们把传统的测量工具和孩子们更为熟悉的测量单位——孩子的身高联系起来时，才激起了儿童的兴趣。

当我们回到室内后，儿童自己扩展着这一探索，并且采用他们自己新研发的测量方法进行实践。依靠孩子们对卷尺、林肯积木和森王蛇是2.4384米长的知识，一些儿童决定找出以林肯积木做单位，测森王蛇有多长。教师用卷尺量出了2.4384米的长度，把它锁定，然后儿童把积木比在上面，看多少块林肯积木和一条森王蛇一样长。通过这种方式，数学学习并没有取代儿童的游戏。相反，它也成了儿童的游戏，又一次证明了数学和科学是日常生活的一部分。

第5节
记录和保存

前面几个章节介绍的许多数学活动都需要记录数的数字和画简单的图表。观察—预测—检验表（比如活动3.1和活动3.2）也是早教课堂记录结果的一种方式。PrePS的活动可以培养儿童的科学和数学能力，也能促进其读写能力的增长。事实上，罗切斯特大学的教育研究者已经成功地形成了一套以科学为核心的语言和读、写项目，因为科学探索能够提供大量的讨论内容（Conezio & French，2002；French，2004）；科学是需要阅读和写作的。

一、PrePS课堂中书的运用

书面材料也已经是早教教室的一部分，而且许多学校使用故事书来教学。然而，PrePS采用的是科学日记和非故事类的儿童读物作为调查问题、研究儿童的问题和预测，以及儿童自己寻求材料和依据的辅助工具（专栏3.7列出的一些例子）。而且，很多耳熟能详的早教故事都以科学为主题（专栏3.8）。比如，一位儿童作家的《女皇和蚕》（*The Empress and the Silkworm*，1995）可以被看作是主要讲述了"改变和变形"这一核心概念下的生命循环主题。教师可以顺便引入很多活动，比如养蚕，研究它们的食物，通过照相和画画记录蚕的变化，根据形成蚕蛹所需要的天数画出图表，把对这些动物生命周期的描述做成班级记录簿（见图3.6和图3.7）。当这个熟悉的故事被引入一系列聚焦于"变化"这个主题的学习活动时，它就成了儿童学习网络中的一点。通过和儿童一起读这种故事，提出问题，教师向他们提供了语言、读写和科学学习方面的支持（见活动3.4）。

图3.6　故事时间也可以读读科学

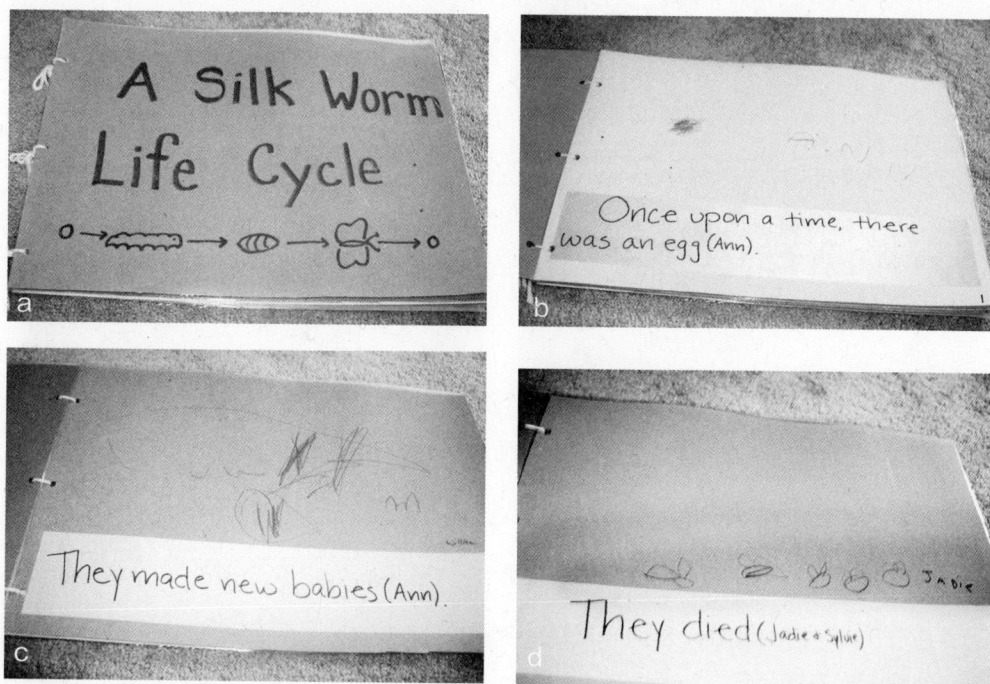

图3.7　儿童制作的蚕宝宝说明书里的几页图（a. 蚕的生命周期，b. 曾经有一个虫卵，c. 它们织了个茧然后钻进去，d. 它们死了）

专栏3.7

非故事类的书籍和杂志

书籍Books

Brady, I.（1993）. Wild mouse. London: Cassell.

Butterfield, M.（1992）. Frog（nature chains）. New York: Little Simon.

De Bourgoing, P.（1991）. Fruit（Scholastic discovery series）. New York: Scholastic.

De Bourgoing, P.（1991）. Vegetables in the garden（Scholastic discovery series）. New York: Scholastic.

Dietl, U.（1995）. The plant-and-grow project book. New York: Sterling.

Lehn, B.（1999）. What is a scientist? New York: Millbrook.

Llewellyn, C.（2002）. Slugs and snails（minibeasts）. New York: Franklin Watts.

Maass, R.（1992）. When autumn comes. New York: Henry Holt and Co.

Merrill, C.（1990）. A seed is a promise. New York: Scholastic.

Miller, J.（1986）. Seasons on a Farm. New York: Scholastic.

Olesen, J.（1986）. Snail（Stopwatch series）. New York: Silver, Burdett.

Ruiz, A. L.（1995）. Animals on the inside: A book of discovery & learning. New York: Sterling.

Scholastic First Discovery Books.（2002）. New York:

Cartwheel Books.

　　Smithsonian Soundprints Series. （2002）. San Diego: Silver Dolphin.

　　Swanson, D. （2002）. Coyotes in the crosswalk: True tales of animal life in the wilds . . . of the city! New York: Whitecap Books.

　　Watts, B. （1986）. Honeybees （Stopwatch series）. New York: Silver, Burdett.

　　杂志Magazines

　　Click. Criket Magazine Publishing.

　　Kids Discover. Kids Discover.

　　Your Big Backyard. National Wildlife Foundation.

即使没有包含明显的科学知识的故事，也可以将它们用于规划活动，以强化儿童的科学思维能力。在这种情况下，你可以选择某个故事的不同版本，比如《杰克和豆茎》或者《姜饼人》。教师可以向儿童一遍又一遍地读其中一个版本，直到儿童对它很熟悉为止，然后，教师再读另外一个版本。最后，教师协助儿童确定两个故事中哪些是相同的，哪些是不同的。在科学及其他领域，比较和对比、区分不同点并且衡量其重要性都是很有价值的能力。

二、科学日记的运用

科学日记是科学家简单而又重要的科学工具。教师也可以引导儿童把科学日记作为记录想法和信息的工具，这样可以保存和分享想法、信息。教师可以给每个儿童发一个日记本（一个螺旋状笔记本或者小记事簿就行），然后让儿童自己设计封面。教师鼓励儿童使用日记本来记录自己的科学活动，而其他形式的绘画则可以放到文件夹或者画在其他本子上。日记这一形式充分利用了儿童喜爱涂鸦的天性和技能，并且使其服务于特定的目的，日记的使用鼓励儿童运用画画这种表征方式来描述特定的实验或者事件。儿童不仅是要"画一个苹果"，而是要"画出今天切开的这个苹果"。当在科学日记上画画记录时，就需要儿童关注现实世界的物体，并且注意观察它的颜色、形状和各个部分。

PrePS课堂的一大趋势是当儿童画的是正在眼前的事物并且关注其细节时，他们的绘画质量会越来越高。例如，一个儿童和同学们一起学习认知布料和纹理时，他想把布料上的螺旋图案画到自己的日记本上。螺旋图案很难画，这个小孩最初把它画成了一个钉子的模样，几乎难以辨认，但是他致力把它画对，所以画了一遍又一遍，直到他日记本上的螺旋和布料上的螺旋很像为止。在这一过程中，教师没有帮他画一笔，也没有让他纠正自己的画。他自发地做出了这些决定，并且坚持要画出正确的表示螺旋的图。另一个儿童仔细地选择了多种绿色以及棕色和淡红色铅笔，来画出水仙茎秆微妙的色彩差异。

儿童做科学日记的尝试不应该受到评价。一些小孩最初也许并不喜欢做记录，他们画的画看起来像是乱涂一气。教师当然可以像脚手架一样一路悉心指导儿童的记录，但要铭记每个儿童都有自己的发展步调。如果教师提醒儿童使用某一正确颜色的画笔来描绘物体或者它的某个部分，那么可以让儿童的观察更为细致，记录更加准确（见图3.8）。如果可能的话，教师可以让儿童来描述自己画的记录。这些描述通常可以反映出儿童的目标。有一个孩子在记录一只昆虫时所画的东西很像是随手涂鸦出来的，教师询问他画的是什么，他告诉教师她所记录的是昆虫移动时经过的轨迹，而不是昆虫本身（见图3.9）。儿童通常会注意到成人注意不到的特征（见图3.9）。所以，关注孩子记录的过程，而不只是最终的结果，对于理解儿童的目标和想法很重要。第5章会更详细地介绍如何使用科学日记来评估儿童对科学观念的理解。

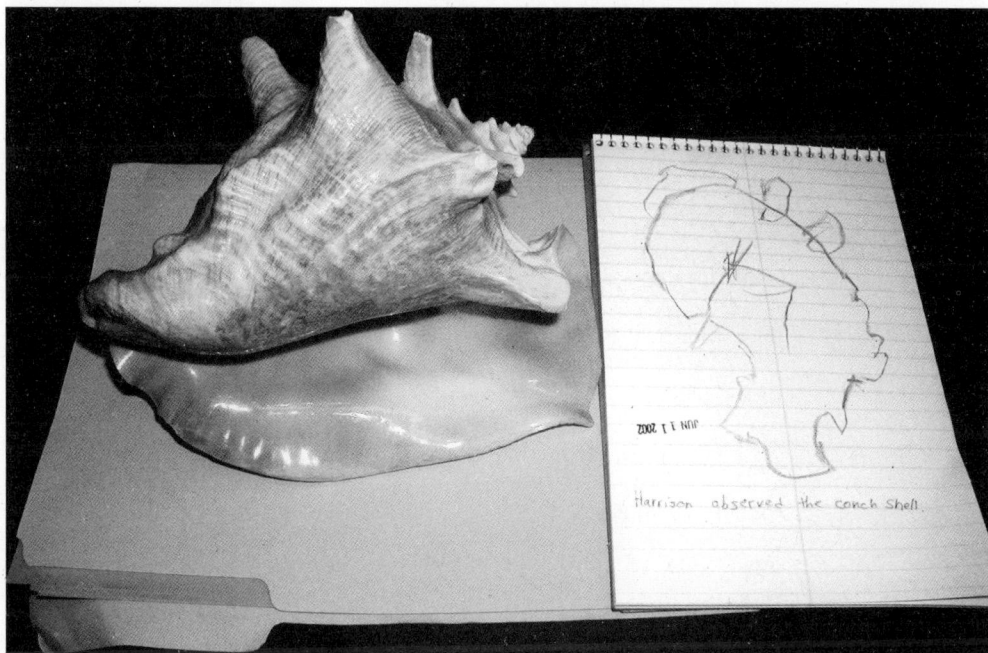

图3.8 一幅3岁儿童画的海螺

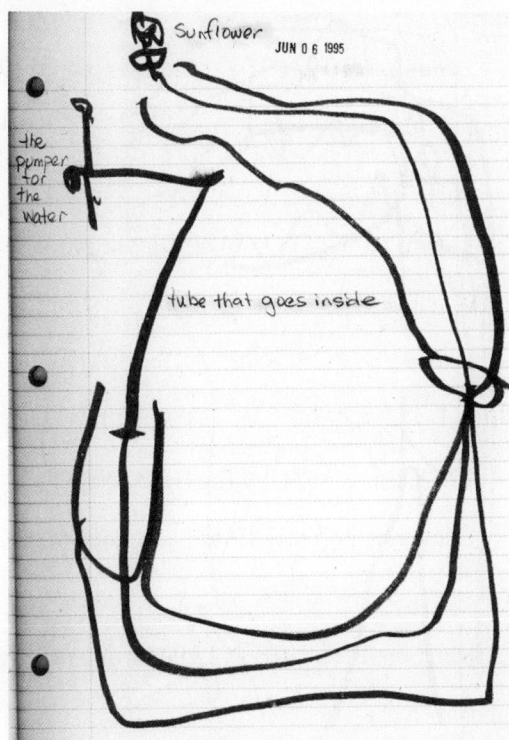

图3.9 一例日记条目

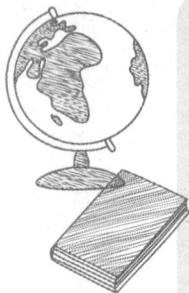

专栏3.8

故事书

季节更替和天气变化

dePaola, T.（1982）. Charlie needs a cloak. New York: Aladdin Paperbacks.

Ehlert, L.（1991）. Red leaf, yellow leaf. San Diego: Harcourt Big Books.

Hader, B., & Hader, E.（1993）. The big show. New York: Simon & Schuster.

Kelly, M.（1998）. Fall is not easy. Madison, WI: Zino Press Children's Books.

Krauss, R.（1989）. The happy day. New York: Harper Trophy.

Sendak, M.（1991）. Chicken soup with rice: A book of months. New York: Harper Trophy.

生态系统

Balian, L.（2005）. Where in the world is Henry? New York: Star Bright Books.

Burton, V. L.（2009）. The little house. Boston: Houghton Mifflin.

Dr. Seuss.（1971）. The Lorax. New York: Random House.

Gackenbach, D.（1996）. Mighty tree. New York: Voyager Books.

Harrison, D.（1978）. Little turtle's big adventure. New York: Random House.

生长或变形而产生的变化

Andersen, H. C. （1995）. The ugly duckling. New York: Harper Collins.

Carle, E. （2005） The Tiny Seed. New York: Little Simon.

Curry, P. （1978）. The Pimpernel Seed. New York: Methuen Young books.

Dowden, A.O.T. （1972）. Wild Green Things in the City: A Book of Weeds. New York: Crowell.

Ehlert, L. （1991）. Growing vegetable soup. New York: Harcourt Big Books.

Ehlert, L. （1992）. Planting a Rainbow. New York: Voyager Books.

Ehlert, L. （2001）. Waiting for wings. New York: Harcourt Children's Books.

Hall, Z. （1996）. The apple pie tree. New York: Scholastic.

Hall, Z. （1999）. It's Pumpkin Time!. New York: Scholastic.

Ryder, J. （1996）. Where butterflies grow. V. Buckley （Ed.）. New York: Puffin.

Swope, S. （2000）. Gotta Go! Gotta Go!. New York: Farrar, Straus, Giroux.

动物的行为和栖息地

Cannon, J. （2007）. Stellaluna. New York: Red Wagon Books.

Edwards, P.D. （1996）. Some smug slug. New York: Harper Collins.

Garelick, M. （1970）. Where does the butterfly go when it

rains? . New York: AddisonWesley.

Lionni, L. （1974）. Fish is fish. New York: Dragonfly Books.

Markes, J. （2006）. Good thing you're not an octopus! New York: HarperTrophy.

McNulty, F. （1987）. The lady and the spider. New York: HarperTrophy.

Steig, W. （1992）. Amos & Boris. New York: Farrar, Straus and Giroux.

Stewart, P. （1999）. A little bit of winter. New York: Harper Collins.

区分生物体 / 非生物体

Lionni, L. （2006）. Alexander and the Wind-Up Mouse. New York: Knopf Books for Young Readers.

Steig, W. （1969）. Sylvester and the magic pebble. New York: Simon and Schuster Books for Young Readers.

Wells, R. （1982）. A lion for Lewis. New York: Dial Press.

Bianco, M. （1977）. The velveteen rabbit. New York: Doubleday.

　　教师可以通过提问来鼓励儿童讨论自己的日记记录，比如问："关于那个，你有很多想说的。我可以把它们记在你的画旁边吗？"把儿童对画的介绍写下来可以帮助儿童明白口头语言和书面语言之间的联系。儿童开始理解写下的文字代表了自己或他人的所说或者所想。其实，我们发现使用过几个月日记之后，一些小朋友开始自己写日记，他们经常会问别人某个字或者某个笔画怎么写。PrePS向儿童提供了他们想要记载的内容，不管是画下来还是写下来。

日记也为时间的流逝提供了实物证据。教师也可以让儿童学会使用日期戳标记每一篇记录的时间，虽然这一举动刚开始看起来很奇怪。很多幼儿并没有时间和日期的概念，那么为何还要用日期戳呢？这里强调的是儿童会形成什么能力，而不是儿童已经具有了什么能力。教师可以告诉孩子们，日期戳可以帮助他们回想起是何时进行的这个实验。在翻阅自己的科学日记时，儿童能够观察到3月15日种下的种子在3月25日发芽了，到4月27日已经长到30.48厘米高了。日期戳可以让儿童看到自己走过的历程（例如，"我们在10月研究了南瓜"），并且预测未来（比如"我打赌那个植物下一周就要长到60.96厘米高了"）。以小组为单位集体指导或者个别指导儿童注意日期戳上的变化，可以让儿童意识到时间的流逝，并且日期戳可以记

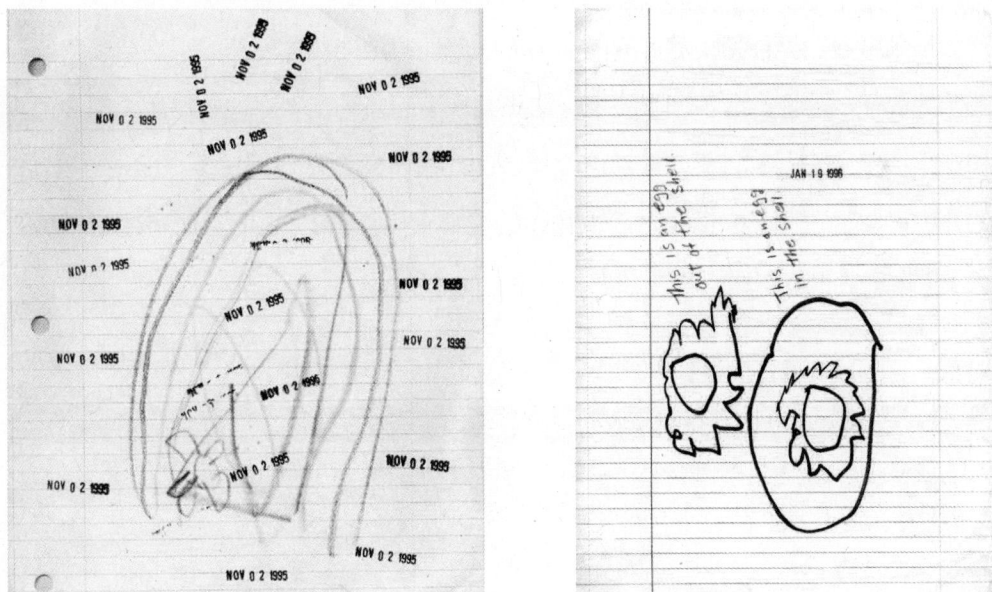

图3.10　作为装饰（左图）、作为科学工具（右图）的日期戳

录这种流逝。这样，时间这一抽象概念就变得更为具体化了。当然，日期戳对于儿童而言相当新奇，因此，儿童慢慢才能学会正确使用它，而不仅是用来装饰（见图3.10）。由于儿童可以使用任何一张空白的页来记录自己的观察结果，而日期戳标记了各个条目的顺序，这样各条目之间的前后顺序就不会丢失。

日记是记录观察和预测结果的重要工具，然而，在你使用它们之前还需要想清楚一些事情。首先，教师不需要在一学年刚刚开始时就引入日记。每个班级都有差异，而你最有资格判断孩子们是否为用这种方式记录观察结果做好了准备。同样，如果在特定时刻或者特定活动中日记的使用并不是很顺利，就需要等到进行其他活动时再做尝试。日记是早教课堂的重要组成部分，但这并不意味着儿童需要在它上面记下所有事情。除了日记，还有其他记录工具，可以结合着或替代使用。整个班级还可以共同制作图、表和模型。在活动3.1中，可以把苹果的外表图片和儿童的观察记录放在一起。这一班级的预测结果也可以和苹果切面的图片放在一起。这种记录方式还可以促进儿童的成就感，儿童经常让教师和父母从表里面"读读自己预测的内容"。

即使非常年幼的儿童也能够参与记录活动。一位教师引导着2～3岁的儿童们观察和预测草莓、苹果和胡萝卜的内部构造。他们对这些物体外部的观察结果和各自的照片放在一起，形成了一张图表。这张图表里面还列出了对这些物体内部的预测和观察结果（见图3.11），虽然这个年龄的儿童不适合做日记记录，但是一些3岁的儿童可以通过画画来记录对简单物体的观察（见图3.8），而且所有这个年龄的孩子都能参与制作班级清单和图表。

时间：2001年4月18日

	观察外部	预测内部	检验内部
	种子在外部 红色	内部不同于黄色 一点点黑黄	白色 红色 中间有洞 
	红色的表皮 形状像"O" 顶端有一根茎 表皮上有斑点	里面很大 里面是红色 里面有3颗种子 看起来像胡萝卜	看着像只蝴蝶 里面是白色的 种子在洞里面 有8粒种子 
	黄色果皮 花开在顶端 看上去像一个刺	里面会有一辆卡车 里面会起皱	里面有点绿 大部分是橘色的 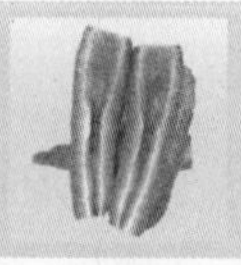

图3.11　和2岁以及3岁儿童一起制作的观察—预测—检验表

第6节
为科学教学做好规划

教师可以借助工具实现在课堂上传授更多的科学知识，比如第2章介绍的课程网络。还有一个工具就是科学实践的规划表（见图3.12）。这张规划表可以辅助教师设计出包含多重科学实践方法的学习体验课程。在设计活动时，这张规划表可以提醒我们，对于某一特定的内容，我们可以通过不同的谈话和工作模式来进行探索。有时候，表中的某一活动并不能很明显地促进某一科学实践方法的学习，不过问题不大。然而，如果表中有一格是空的，教师需要花一些时间想一下是否可以通过扩展活动来达到更多的学习目标。

通过一年中在各个内容学习中重复地使用这一表格，教师要保证儿童有大量练习这些科学实践方法的机会。记住，内容和实践是紧密相连的。通过使用不同的方法探索同一内容，或者使用同一方法探索不同的内容知识，儿童能够更深入和全面地学习这两者。等到孩子们上了学，甚至在整个生命过程中，遇到需要继续学习新的知识和探索的时候，这些能力都可以很好地帮助他们。

活动3.3和活动3.4为一些成功的PrePS体验活动提供了专门的说明。我们在向其他学校推广PrePS的过程中形成了这张表格。虽然我们在其他地方提到PrePS的魅力在于它没有太多条条框框，但是我们发现这一项目的新学员需要特定的实例来理解我们所说的"拥有内在的概念联系的学习体验课程，能够让儿童逐渐地参与到真实的科学实践过程中"，虽然这些活动看起来可能有点复杂和啰唆，但那是因为有一些信息在它们的概述、过程和表格本身之间是被重复提到的。并且，有些活动包含了一些多重的互相联系的学习体验课程，而这些课程可能需要几天甚至更久才能完成。当你为自己的班级做规划时，也许只需要用到这个表格（见图3.12）来确定你的学习体验课程能够推动相应的实践能力的发展。

备注：这些材料通常和介绍一致。如果你喜欢它们，就请如实地使用它们，或者把它们作为形成你自己想法或者规划的起点。如果你更想要规划你自己的课程，请使用图3.12的表。你可以对它做适当的调整，为孩子设计出更棒的体验课程。

科学实践规划表

科学，实践		概念/焦点： 体验：
观察，预测，检验		
比较，对比，实验		
词汇，对话，语言		
计算，测量，数学		
记录和文件编制		

图3.12 科学实践规划表

概念/焦点：
介绍性活动

引入观察

这一活动指导方式综合了多位教师真实的教案。这里，我们的目的在于介绍活动的精髓所在，而不仅限于提供一个真实的教学脚本。我们希望所提供的这些框架，经过你的调整之后，可以适合你自己的需求。

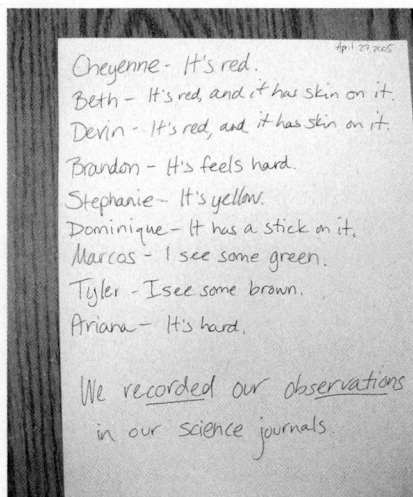

图A3.1　苹果观察表

材料

● 一个苹果或者每人一个苹果

● 用来画观察图表的一张纸或者板子

● 如果要引入日记，为每人准备一个本子

● 如果引入日记，准备一个日期戳

实施程序

● 活动开始时教师向儿童展示一个苹果，让全班同学观察它。介绍过"观察"这个词后，教师问问他们是否知道它的意思，答案很可能是不知道，但教师要接纳他们的建议，然后告诉他们观察的意义。比如，注意用感官去感觉某个物体等。你也许会花一些时间来解释"感官"。尽可能让孩子们跟你说有哪些感官，然后讲一遍每个感官的功能。

● 让儿童知道你会把他们的观察结果一一记在一张表上。在表的顶端写下"我们观察了一个苹果"这样的标题。为这个表标明日期，并且告诉儿童你正在写下日期，这样他们以后就能知道自己是在哪一天观察了苹果，和其他日期所进行的观察区别开来。

● 让孩子们传看这个苹果（或者每人发一个苹果），然后问每个孩子："你注意到了苹果的什么？"或者"通过对这个苹果的观察，你发现了什么？"如果重复的答案开始出现，教师可以让儿童试着想想别的方面，但对此不要过于强求。记下每个孩子的名字以及他们的观察发现。可以适当给些提示：这个苹果是什么颜色？它摸上去的感觉是什么？是光滑的还是粗糙的？冷的还是热的？你觉得它重吗？如果某个儿童不愿意做出观察也没有关系。他们经常看到同伴的表现，慢慢就会对大声说话感到习惯了。你也可以在晚点的时候试着让这个孩子单独和你讨论苹果的特点。

● 当所有的孩子都做过观察之后，再介绍一遍记录的含义，也就是"写下来"，然后，回顾一下孩子们的观察发现（见图A3.1）。

● 最后，预告一下下次的活动："明天我们将会调查一下苹果的里面是什么。"你也可以在这个活动过程中引入科学日记的使用。

科学实践规划表

科学， 实践		**概念/焦点：** 为以后的PrePS体验课程建立基础的介绍性活动。 **体验：** 观察一个苹果。
观察， 预测， 检验		这一简单的活动是为了向儿童介绍观察和观察结果这两个词的意义，并让每个儿童理解观察这一科学实践方法。 教师通过让儿童思考苹果各个层面的特征来鼓励儿童发动各个感官：苹果的颜色是什么？摸起来什么感觉？是光滑的还是粗糙的？冷的还是热的？重吗？等等。
比较， 对比， 实验		这一科学实践方法并不是本活动的重点所在。
词汇， 对话， 语言		介绍过"观察"这个词后，教师问问学生是否知道它的意思。他们很可能不知道，但教师要接纳他们的建议，然后告诉他们观察的意义（比如，注意，用感官去感觉某个物体）。 变化你的提问方式——"你观察到了苹果的什么？""你注意到了苹果的什么？""关于这个苹果，你能告诉我什么？""你的观察结果是什么？"——这样儿童就能够更充分地理解观察意味着什么。 介绍并且鼓励儿童使用多种词汇描述苹果。
数数， 测量， 数学		这一科学实践方法并不是本活动的重点所在。
记录和 保存		教师把儿童的观察结果制成表，作为儿童后期对切开的苹果所做的观察、预测和检验表的开始（见活动3.2） 在教师为观察表标明日期时向儿童介绍科学家，同时给他们的研究标注日期。我们告诉儿童这样做，我们以后就会知道是在哪一天观察了苹果，而其他日期又做了什么不同的观察。儿童也可以使用日期戳来为自己的科学日记条目打上记号。 教师可以记录下儿童对自己画的描述。如果孩子画画的时候你刚好在旁边，可以进行适度的指导，比如让他们想想应该选择什么颜色的蜡笔来画这个苹果的形状和各个部位。如果儿童不确定应该记录什么，也可以使用图表："让我们回顾一下我们观察到了苹果的哪些方面，我们可以看看这个图表，也许它能够帮助你决定应该画什么。"

做出预测

这一活动继续借助苹果向儿童介绍观察、预测和检验的概念。

材料

- 上一节观察课上使用过的苹果
- 一个小刀和切板
- 用于制作预测表的板子或者纸

实施程序

- 活动开始时引导大家复习观察的概念及上一节课所做的观察（见活动3.1）。通过向儿童解读观察表上的内容来回顾儿童的观察结果。这样儿童既理解了书面记录的功能，又回忆起了上一节课的内容。

- 教师引入预测的概念。告诉儿童他们将要预测苹果的里面是什么，再问他们是否知道预测的意思。向儿童解释预测和猜差不多：我们在预测的时候，不知道答案是什么，也不清楚究竟将要发生什么，但是我们通常掌握的帮助我们做出正确的预测，因为孩子们已经观察过苹果的外形，以前也见过苹果的内部构造，他们可以，预测出苹果皮里面的样子和摸上去的手感。

- 向孩子们解释当他们使用感官来注意苹果的外部颜色时，那是观察，但是当他们猜苹果里面的颜色会是什么时，那就是预测。教师应该让儿童明白预测并不需要准确无误，但要有一定的道理。

- 儿童在进行预测的时候，教师可以把结果记录在一张表上（见图A3.2）。如果需要的话，教师应该通过问题来引导儿童的预测，比如"红色里面的部分会是什

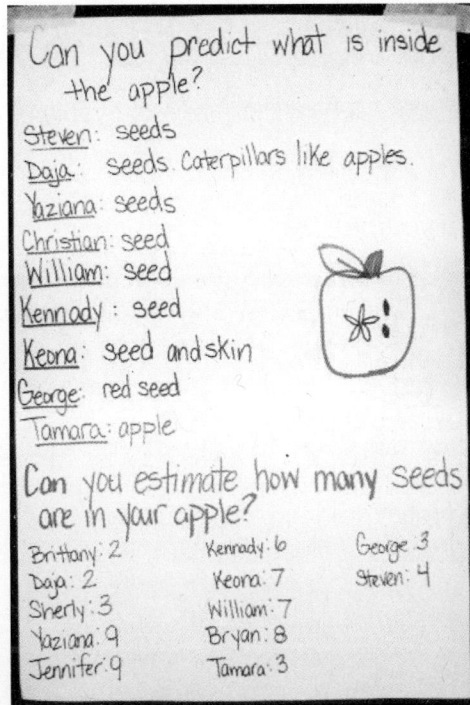

图 A3.2 苹果观察表

么样呢？它闻起来会是什么味道？你们觉得它摸上去会是什么感觉？”

● 预测结束之后，问问儿童他们应该怎么做才能检验自己的预测，弄清楚苹果的里面是什么，虽然教师可以直接把苹果切开，但是这样的问题可以让儿童进行简单的思考，并且和他人分享自己的解决方法。

● 一旦儿童提议用小刀把苹果切开，教师可以立刻按照孩子的提议去做。苹果被切开后，儿童可以通过观察苹果的内部来检验自己的预测。教师可以用预测表来引导孩子们的观察。“杰米预测说苹果里面会有汁水。杰米，你看到里面的汁水了吗？苹果摸上去很湿，并且很多汁吗？”“娜塔莎认为苹果里面可能住着一只虫子。这个预测非常棒。娜塔莎，这个苹果里面有虫子吗？”

● 结束了观察——预测——检验这一例行程序之后，教师还可以采用多种方法来扩展这一活动。教师可以要求儿童把对苹果内部的观察结果记录在自己的科学日记上，也可以让儿童预测苹果尝起来如何，是脆的还是软的，等等。在点心时间，还可以把这些苹果分给儿童品尝，来检验他们的预测（见活动4.1）。

科学实践规划表

科学，实践	概念/焦点：为以后的PrePS体验课程建立基础的介绍性活动。 体验：苹果的内部。
观察，预测，检验	儿童复习上一课对苹果外形的观察。 为苹果内部的预测和观察结果重新制作一张表。告诉儿童预测就是一种特殊的猜测这一观点，并且要求孩子预测苹果的内部是什么。 儿童对如何才能检验自己的观点这一问题做出回答后，切开苹果。儿童使用自己的观察技能来检验自己的预测。
比较，对比，实验	这些科学实践能力并不是本活动的重点所在，但是可以在扩展活动中引入儿童对苹果内、外部，以及不同品种苹果口味的比较。
词汇，对话，语言	儿童会接触"预测"和"预测结果"这些词及其概念。未来的活动将会强化这些词的含义和科学实践的过程。 鼓励儿童进行大量的观察和预测，并且通过对物体的不同特征的提问来强化对不同词汇的使用，比如"红色部分的里面会是什么？你觉得会闻到什么味道吗？它摸上去是湿的还是干的？"
数数，测量，数学	儿童可以预测每个苹果内部种子的数量，并且通过数数来检验预测结果。教师可以记下这些结果，然后让儿童去比较这些苹果。这些苹果内部的种子都一样多吗？哪个苹果里的种子最少？儿童发现的最多的种子数是多少？我们一共找到了多少种子？
记录和保存	向儿童强调，像科学家一样，我们记录事物是为了记录自己的观点的形成过程，分享给我们的父母，或者以供将来回顾自己曾经拥有的观点。 为图表和日记标明日期，并且借此机会让儿童复习标注日期的意义。 儿童可以观察苹果的内部，并且在自己的科学日记上画出观察结果。

概念/焦点：
季节更替/动物的适应

活动 3.3

脂肪手套实验

这一活动让儿童以简单实验的形式探索脂肪和其他材料的保暖性能。

材料

- 带有自封口的塑料袋

- 宽胶带

- 大瓶的植物起酥油

- 羽毛或者其他保暖材料（为了和脂肪对比，最好别选用白色的材料，也可不选）

- 一个大桶，冷却器或者体验桌

- 一袋冰

- 用于制作结果表的板子

- 纸巾

- 用于记录过程的数码相机

实施程序

- 在开始这一活动之前，教师和儿童讨论了人类和动物如何在冬天保暖。这一讨论可以在前期的小组时间中进行。

- 在小组时间，简单地回顾一下关于动物是如何保暖的讨论结果，然后引入脂肪的概念，告诉儿童会做一项调查来找出更多关于脂肪的功能。这项实验包括在双层的塑料袋里涂满固态植物油（脂肪）密封好。然后，儿童可以把一只手伸进填充脂肪的手套，另一只手伸进没有填充脂肪的手套，然后把双手放进一个装着冰水的大桶或者冷却器里。

● 在实验开始之前，让儿童预测一下是有脂肪的手套更能维持手掌温度，还是没有脂肪的手套更能维持手掌的温度。

● 制作脂肪手套时，先把一个袋子内侧涂满固态植物油。确保塑料袋的内侧都涂满保温材料，然后把第二个袋子从里向外翻过来，塞进第一个塑料袋里，然后把两个袋子的口捏在一起。用宽胶带把接头处粘上，这样可以确保袋子不会开口。根据这种方法再用两个袋子做一个没有填充物的手套。

● 把冰和水放进桶、冷却器或者体验桌里。让孩子们左手戴着一种手套，右手戴上另一种手套。（你可以轻轻地握着孩子们的手，以防他们把整只手浸入水线以下）让他们在一只手变冷的时候告诉你。是哪一只手呢？哪种手套会让手更暖和呢？把他们的发现记录到一张表上（见图3.3）。

教师可以通过改变手套内的材料（羽毛与没有羽毛或者脂肪与羽毛）来扩展儿童的学习，并且向儿童提供大量练习这一实验程序的机会。可以采用不同填充物的手套组合产生新的实验，这些实验可以持续很多天。

科学实践规划表

科学，实践	概念/焦点：季节更替/动物的适应。 体验：脂肪手套。
观察，预测，检验	讨论过人类和动物在冬季或者寒冷的环境中保持温度（比如脂肪、羽毛和皮毛）的方式后，引入脂肪手套的概念，并且告诉儿童将要进行一项实验来发现脂肪的功能。描述实验程序，然后让儿童预测哪种填充物的手套更能够保持温暖。
比较，对比，实验	让儿童描述手泡在冰水里的感觉。其中的一只手是不是变冷了？是哪一只手？哪一个手套让他们的手保持温暖？ 这一实验可以改成有羽毛与没有羽毛、羽毛与脂肪等不同材料，在第二天重复进行。最后，你可以通过向他们提供两种材料（两种手套和一桶冰水），然后让他们自己找出哪一种材料更能够维持手的温暖，来评估孩子们对这一实验程序的理解程度。也就是说，儿童可以自己设计实验程序，而教师需要确认他们两只手上是否同时戴了两种不同的手套。
词汇，对话，语言	形容词的练习，比如暖的或者冷的。 脂肪对于他们也可能是一个新词。
数数，测量，数学	儿童在回顾结果表（详细介绍在下一行）时，会通过数数来比较每种手套的结果。比如在比较有脂肪和无脂肪手套时，结果可能是0（无脂肪手套）比另外一个数字（有脂肪手套），因为有脂肪的手套比里面什么都没有的手套保温效果好得多，然而在比较脂肪和羽毛时，这一结果会更为接近，也更难以比较。
记录和保存	每次实验都要形成一张结果表。教师可以写下自己的问题："哪一种手套让我们的手更暖和？"然后他们可以为实验中用过的每一种手套（比如有脂肪手套，无脂肪手套）画一列，然后用文字或图片给它们做上标签。儿童可以根据自己发现的，在所对应的文字或图形下面写上自己的名字，以后这些图表可以用于回顾自己的发现。教师可以通过鼓励儿童描述自己的发现来让他们更多地参与其中，然后把这些结果和图表相联系（比如"噢，是的，在有脂肪手套的图片下是你的名字。萨沙发现了有脂肪的手套让她的手更暖和"） 在实验过程中拍照可以让教师以后用这些照片来评估孩子们对关键点的记忆情况。让孩子们自己描述他们在做什么，想要发现什么，以及发现了什么。这样，教师能够及时了解儿童对简单实验程序的掌握情况。

概念/焦点：区分生物体/非生物体

活动 3.4

利用发条玩具学习生物体/非生物体的不同

　　这些活动鼓励儿童思考和谈论生物体和非生物体之间的不同点。利奥·李奥尼所著的《亚历山大和发条老鼠》的故事提供了大量机会来比较真实动物和发条玩具仿制品的外观、行为和能力上的区别。它也促进儿童对新单词和概念的学习。比如，发条，儿童通常称之为可以旋转的东西等，以及对情绪的讨论。比如，忌妒、心情沉重。扩展活动还可以让儿童预测发条老鼠的里面是什么，并且检验自己的预测。

材料

- 利奥·李奥尼所著的《亚历山大和发条老鼠》一书的复本
- 发条玩具
- 小锤子
- 结实的自封袋（或者保鲜袋）
- 放大镜

实施程序

- 在给孩子们讲故事之前，确定好故事中需要停下来提问的地方。比如，玩具是否需要吃饭，它们是否能自己走动，它们是否需要睡觉。和孩子们一起读这个故事，不时地问问孩子们关于人物特点和新词汇的问题。

● 在扩展活动中，教师可以让儿童想想真正的老鼠和发条老鼠的内部分别是什么，并且描述出来。他们对此可能非常擅长，知道真正的老鼠体内有血液、骨头和食物，而发条老鼠体内可能有齿轮、电池和电线，鼓励儿童思考如何才能确定发条老鼠里面到底有什么，然后打开其中一个发条老鼠。我们已经成功地进行过下列程序：出于安全考虑，把玩具放进保鲜袋里密封好，用小锤子把玩具敲开，这样，玩具里面弹出的小零件都会被包在袋子里，把玩具拿出来，然后用手把它掰开。孩子们很喜欢研究从玩具里面找到的小齿轮和零部件。教师们也要鼓励儿童使用放大镜来观察和描述所找到的东西，这也很好地说明了放大镜这种科学工具可以帮助我们准确地观察细节。

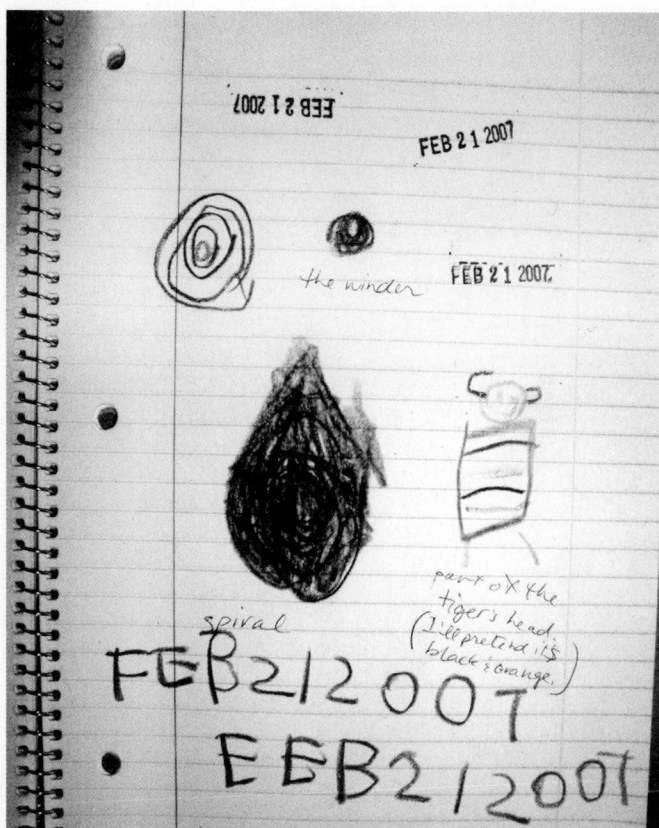

图 A3.4　在日记条目中使用新的形状和词语来描述它

科学实践规划表

科学实践	概念/焦点: 区分生物体和非生物体 体验: 利奥·李奥尼所著的 《亚历山大和发条老鼠》	体验: 发条玩具
观察, 预测, 检验	在圆圈游戏时间,儿童观察并且描述亚历山大和威利的照片。 根据观察结果制作图表。	预测发条玩具的里面是什么 问问儿童检验方法。 以小组为单位打开玩具。
比较, 对比, 实验	按照事先设计好的问题提问,引导儿童比较生物(亚历山大)和非生物(威利)的区别。	讨论真实的动物和发条动物的区别(比如外貌、能力和运动特点)。
词汇, 对话, 语言	定义故事中的词语。比如,发条、忌妒、心情沉重,并加以讨论。 强调比较和对比,鼓励儿童使用对比词。比如软或硬、真或假。	鼓励儿童模仿和使用对比词。 引入新词汇(螺旋的)。
数数, 测量, 数学		
记录和保存	回顾以前画过的观察表。 日记条目。	使用日记记录发条老鼠的内部构造。 鼓励准备好练习自己写作技能的儿童为自己的记录做说明。

第4章
入门和发展

  我们在向教师介绍科学素养的学前教育之路（PrePS™）时遇到了很多实际问题，这促使我们重新思考这些方法并进行扩展。PrePS最初只是帮助教师独立形成自己全面而新颖的教学课程的辅助框架，但是很多教师告诉我们自己没法做到。有的教师对自己设计课程这一想法感到不知所措，有的教师所在的学校已经设计了全面的课程，他们想用PrePS来扩充，而不是替代已有的课程。

  原则上，我们对这两类问题的解决方式是一样的。我们知道PrePS项目更具有挑战的是在于通过有意义的方式选择出互相关联的核心概念、焦点和学习体验活动。它需要人们把课程的重心从主题转到科学概念上，而这需要观念的调整。我们建议可以尝试着从把科学实践方法融入课堂活动开始，让孩子们开始观察、预测、调查、实验和记录，你会渐渐习惯鼓励儿童以科学的方法思考、说话和工作。当这变得容易起来，而且孩子们也能积极地回应时，你就可以开始选择核心概念，并且以它为核心设计概念上互相联结的学习活动。对于使用其他课程设计的教师，我们建议可以将科学实践方法引入当前的活动。帮助儿童寻找概念和活动之间的内在联系，这一方法本身的改变会让孩子们受益匪浅。

我们在其他学校推行PrePS时发现，教师很快就能将一些项目中的某些方面运用到课程中。在所有的科学实践方法中，教师一般情况下乐于引入日记和记录这种方法，那是因为它们能够很好地锻炼儿童的读写能力。很多教师具备很好的推动儿童语言和读写发展的能力，因为这些能力在教师培养和教师专业发展课程中是被着重培养的。教师对写日记和记录手段很熟悉，是因为这一方法符合并且扩展了教师的已有知识和当前教学情况。

第1节
PrePS入门

　　PrePS并不是一套已经设定好的课程，因此，它能够很好地促进儿童和每位教师的创造性和独特性，它也很尊重教师现有的对儿童的认识和教学方式。在实践过程中，我们意识到必须为刚刚接触PrePS的教育者提供一个教学结构，而最能够促进大家对这一理论方法的理解的方式就是提供大量的教学案例，就像我们鼓励教师为孩子提供例子一样。本章列举了大量的教学案例，这些案例描述了实际操作中的PrePS，并且提出很多常见问题的解决方法。比如，我们应该如何在教室内开始PrePS教学？我应该如何继续？有没有长期课程规划的模板？

一、材料和工具

　　在幼儿园推广科学的理念就是要将科学和我们的日常生活紧密相连，这一理念也体现在我们活动中所用的材料上。刚开始运用PrePS时，教师要在教室内布置上儿童们可以使用的特定材料和工具，但它们不需要很贵，你能在超市或者折扣店找到所需要的大部分东西。一些观察或者测量工具已经可以摆在教室里了，这样当你引导儿童有目的地使用工具时，它们就能派上用场了。PrePS不需要昂贵的科研设备，这些简单的工具已经能够推动大量科学体验活动的进行。放大镜和台式放大镜可以帮助观察小物件，而且孩子们通过运用它们可以非常容易地观看图案、纹理和细小的部件。PrePS体验课程经常会用到简单的测量工具。比如，天平、尺子、量杯和量匙等。

在实践中，你肯定想要的工具就是一个为每个孩子准备的科学日记本，你可以选择喜欢的笔记本（比如，白纸上面有线可以写字的本），同时应该提供蜡笔和彩色铅笔。这些东西可能很难保持整整齐齐，并且短时间内买好几套铅笔可能也比较困难，但是它们确实可以提高儿童的日记质量。有了这些彩笔，儿童就可以很快找到合适的颜色来描绘他们所观察到的景象而不需要等待太久。

一个以科学为导向的课堂里和操场上都应该散布着测量和观察工具，而不是只有在实验台上或者探索区才有。创造可以发生在表演游戏和艺术区以外的地方，同样，用数学科学思维和工作的机会也可以在实验台以外的地方进行。当儿童想要记录自己的科学观察或者学习时，他们应该能够及时拿到自己的日记本。

第3章也已经介绍过，用来观察和测量的工具应该分散到教室各处。如果没有教师的任何指导，儿童不太可能有目的地使用科学工具——当然，儿童可能会创造出其他利用这些工具的方法（见图4.1）。通过在科学活动中使用这些工具，教师可以提供这些工具功能的使用信息。当儿童在感官桌、表演区、积木区，或者教室内、操场上及其他区域使用这些工具时，教师也可以通过非正式的方式强化儿童对它们功能的理解。比如，当你把量杯放在沙堆旁边时，你可以花些时间和孩子们待在一起，让他们知道这种"勺子"的特别之处。儿童不会经常使用这些工具来测量，但是他们应该知道是可以用这些工具来测量的，你可以在煮饭实践活动中重温这一概念。通过指导儿童对工具的使用，教师可以让儿童熟悉各种科学和数学工具，探索这些工具的用途，以科学和数学的方式来思考日常活动。

为了说明会发生什么，我们观察了来自PrePS课堂的孩子们在一次室外游戏活动中的表现，他们能够自发地使用大量工具来探索周围的物体和事件。一些孩子拿着放大镜研究堆起来的树叶，看看里面是否住着小生物。另一些孩子在挖土，拿着尺子测量他们发现的虫子的长度，用放大镜观察虫子的身体。

有些工具介绍起来比较简单，而有些比较难。放大镜和台式放大镜的功能相对比较简单，儿童看到东西被放大了就会感到很开心，虽然他们不会仅用放大镜观察微小的物体和细节，但是儿童还是会知道如何使用这种工具，以及如何描述自己的

图 4.1 量杯有时候也量不了东西

发现。在理解层面上，给儿童介绍测量工具就更难，它们没有明确的使用方法和说明。所以，教师要思考一下如何简单地介绍这些测量工具的正确使用方法，确保可以提供不同的机会来引导儿童在科学探索过程中使用这些工具。如果可以的话，把这些工具和儿童已经知道的东西相联系。第3章，介绍了放大镜可以扩展儿童的视觉体验，而天平可以用来观察和比较物体的重量。再举个例子，如果你的科学探索需要使用温度计，想想怎样介绍这个工具才能把这种工具和儿童对世界已有的观察联系在一起（专栏4.1）。所有优秀的教学方式都遵循一个原则：以已有的课程为基石，并进行扩展和延伸，新呈现的信息要和已有的知识建立联系。

专栏4.1
温度计的使用介绍

如果你想在科学探索过程中使用温度计，可以采用的介绍方法就是让儿童感觉两杯水—— 一杯是热的，一杯是凉的。儿童感觉到这两杯水的差别之后，在每个杯子里插入一根温度计。（事先确保温度计能够安全地测量出那杯热水的温度）让孩子们观察两个温度计的差别。

儿童已经知道两杯水的温度不同，所以他们可以把两个"红线"的差别和相应的温度差联系起来。大（或者长、高）一点的红线意味着更热，而小（或者短、矮）一点的线意味着更冷。让儿童带着这个概念继续预测一下，把冷水里的温度计放到热水里会发生什么情况。预测太阳下的温度计是否比阴凉里的温度计的红线更长，然后进行检验。

在实践过程中，你没有必要特别介绍温度计上的数字，但是孩子们可能对这很感兴趣。如果是这样的话，可以把这些数字和他们之前的理解联系起来（比如，"外面冷吗？温度计上的数字是怎么说的？零下6摄氏度？是的，零下6摄氏度？这表示非常冷。如果在暖和的日子里温度会高很多，温度计度数的数字会更大"）。如果你想要和儿童讨论数字的话，要指出天气比较暖和的时候，温度计上的红线就会变得更高、更长。当儿童经常使用温度计来测量自己对冷热的观察时，这些数字对于他们而言会更有意义。注意学前儿童不可能发展出对温度计功能全面的理解，但是这些相关的经历会在他们进入小学的时候帮助他们理解更丰富的知识。

二、规划互相关联的学习体验课程

开启PrePS最重要的就是要计划好你的目标。不管你是用概念网络还是每周活动计划表（见图2.4）来设计自己的课程，或是通过在当前的活动中融入科学的实践方法，你都需要想好：你希望儿童形成什么样的概念联系？孩子们达到这个学习目标需要设计什么样的体验课程？因此，当教师们在一起确定学习目标、设计教学方法来推动儿童学习时，头脑风暴的效果会更好。教师之间的合作虽然不是PrePS成功推行的关键因素，但却能促进它的成功。因此，可以定期开会，为彼此的合作提供更多的机会。

当你遇到困难时，这样的支持也很有用。对某一问题的新见解也许就能避免放弃，使其得到成功的解决。很多人参与到新项目中可以提高成功率，并且增加项目本身的持久性。然而，即使其他教师不想推行PrePS理念，你也能独自进行。在这种情况下，你可以先引入科学实践方法和熟悉的内容，当你对这一方法掌握足够熟练时再规划自己的概念网络。

毫无意外的是，PrePS的课堂可能因所参与的教师和儿童的不同，出现很大的差别。当然，可能是因为所探索的概念内容不同，但是参与者的经验水平也有很大影响，一位刚刚接触PrePS的教师和一位已经实施了很多年已经很熟练的教师的教学方法可能会有差异。你所教育的年龄组也会影响到你设定的目标和为了达到这些目标所提供的体验课程。出于这些原因，我们不能预测你的课堂到底是什么情况，但是我们希望你能够提供足够的信息，这样你可以根据自己的实际情况实施PrePS项目。

第2节
早期的PrePS学习课程

一般情况下，我们通常会在一个学年的开头开展PrePS项目。第3章也介绍过，我们在向一组新的儿童开展PrePS时，会先引入"观察结果"和"观察"的概念（见活动3.1）。然后，我们会介绍"预测结果"和"预测"的概念（见活动3.2）。这两种体验活动都会涉及其他的科学实践活动，其中最常见的就是记录，教师会写下儿童的观察和预测结果。因此，我们也会在这个时段介绍应该如何使用日记。对于儿童来说，苹果相对比较容易画，因此可以把它作为最早的日记记录对象（见图4.2）。

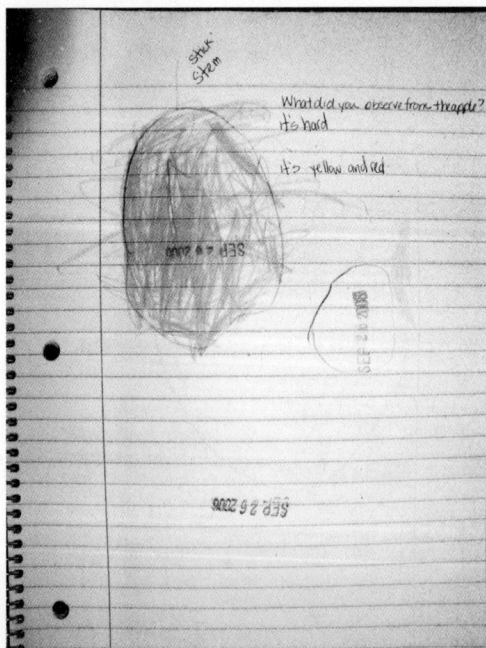

图4.2　刚开始的日记条目

一、观察、预测和记录是基础

这些早期的体验过程都很基础，因为观察、预测和记录的练习将会贯穿于整个PrePS教学中，伴随着孩子们进入小学阶段，甚至走向工作岗位。所以，我们并不急于完成这些介绍性活动，这些活动可以持续几天，甚至更久。在活动过程中，教师也不需要预设进度安排，只需要回应好你自己班级的需要和兴趣就行了。

PrePS介绍性活动结束之后，你的班级可以选择不同方向的内容进行探索（活动4.1建立在活动3.1和活动3.2的基础之上）。在探索过程中，把这些新的体验活动和已有的活动联系起来，并且尽可能多地渗透科学实践的使用。如果你已经选定了一个核心概念来进行几个月的探索，那么你就要继续选择一个和早期观察和预测活动有关联的焦点，这一焦点也要和计划探索的其他焦点有联系。

二、我们将从这里走向何方

在这一部分我们提供了扩展的探索范例，以衔接PrePS的入门体验课程。每一套学习体验课程都是在不同的情境下形成和实施的，但是放到一起，就会体现我们这一项目的灵活性。教师的教学条件虽然不同，但都可以使用PrePS来指导儿童的学习，他们也可以根据自己班里面孩子们的需求和兴趣来调整体验学习课程的内容。

专栏4.2的第一个学习活动使用多种材料继续探索内部和外部的概念，并且锻炼了儿童的观察——预测——检验技能。第二个案例同样聚焦于内部和外部的概念，但是探索概念焦点的过程却更加广泛和深入。第三个体验活动继续调查苹果。苹果和同在秋天主题下的梨和南瓜相联系，因此保证了PrePS能够应用在主题已经设置好的课程中。最后一个案例的核心概念是形式和功能，其焦点是把感官作为调查和观察世界的工具。

专栏4.2中的案例来自于我们最早在一个新学区引入PrePS的过程。为了推广PrePS方法，我们一周去拜访两次，先让孩子们参与大组讨论，然后再把这些经验推广到小组活动中。我们也和教师们探讨在一周中继续传授科学概念和研究过程的方法。由于这一学校已经设定了全面的课程规划，因此我们就致力用有意义的互相联系的科学学习体验活动充实这一课程。

专栏4.2列出了我们记录的活动目标、儿童和教师的反应，以及我们参与的科学实践活动。其一系列活动（探索周围世界物体的里和外）很自然地提供了锻炼儿童观察、预测和检验能力的方法。前面也已经谈到过，我们知道儿童对对象足够熟悉，他们能够忽略表面特征进行分类。这些活动能够让我们对不同事物的内在本质特征建立更深的认识，它们也锻炼孩子去思考哪些表面特征能够或者不能够预测事物的内部特征。

从这项活动出发，你可以去往不同的方向。比如，你可以探索这些事物成长和变化的方式；或有生物体和非生物体的区别；探索机器的内、外部时可以让儿童拆开打字机、电话和发条玩具来观察其运作方式。这些亲手进行的探索也许可以引导孩子们讨论不同种类物体的内部是什么，以至这些物体如何工作和运转的。通过科学实践和提供概念上互相联结的体验活动是提高学习效率的关键所在。

三、相关的焦点

一个教学团队关注苹果和坚果的某个"异同点（焦点）"，而另一个团队则关注苹果和人类的某个"异同点（焦点）"。通过参与科学实践活动，讨论特定物体里和外的区别，这些不同的"焦点"被联系在一起。探索一种不同的物体（除苹果以外的任何物体）可以使儿童获得更多的思考和使用这些观点及技能的经验，它也能够向儿童提供一个通过跨种类的比较找出苹果、坚果和人类的相同之处和不同之处的机会。连接这些焦点的一个桥就是这每一种物体的外表皮。由于人类皮肤和坚果壳属于同一种色调，教师认为这两种"焦点"放在一起可以探索物体的外表皮，并且强调它们的颜色虽然不同，但却有着同样的功能。通过思考不同种类物体的内部和外部，进行范畴内和范畴间的比较和对比，深入思考物体的一些共同特征。比如，探索不同物种的皮肤、果皮和果壳的功能等方式，可以强化儿童的学习。

专栏4.2

通过探索事物的内部和外部练习观察和预测能力

3月5日：引入观察和观察结果。讨论如何利用感官进行观察。每个儿童都对苹果做一次观察。把这些观察结果记录在一张表上。以小组为单位介绍科学日记的使用。让儿童记录自己对苹果的观察。

3月7日：引入预测和检验。儿童预测苹果的内部是什么。预测结果（包括儿童预测的种子量）被记录下来。把苹果切开以供检验。记下儿童对苹果内部的观察结果。讨论预测和观察结果的关系。以小组为单位把结果记在日记本上。

备注：儿童还自发地讨论了吃下苹果种子的后果，这一过程非常精彩。一个孩子说如果吃下一粒苹果种子，肚子里不会长出一棵树。当被问到为什么时，儿童的推理是只有在我们"喝下水，吃下泥土"时，种子才有可能长成树。

3月14日：观察西红柿的外部。记录观察结果。预测西红柿的内部，记录预测结果。把西红柿切开以检验预测。让孩子记录观察结果，并在日记上记录下西红柿的内部和外部。

备注：助理教师决定用纸给孩子们叠一些西红柿。一个孩子在表演游戏中把这些叠纸假装成农作物。他还表演出了种植和收割这些水果！

3月19日：开始绘制水果的内外图表，以进一步巩固观察——预测——检验的循环实践。这个过程中使用苹果、猕猴桃、酸橙、李子和草莓等水果，把观察的焦点放在颜色上，还有种子是否可见，如果可见的话有多少粒种子。第一天儿童先观察每一种水果的外部，然后预测其内部是什么。教师将这些结果都记录下来，然后让儿童粘到表上，儿童记录下自己选择的水果。

3月20日：我们把水果切开以检验，并预测结果，为观察结果制表，向儿童说明如果无法亲自做检验可以运用相关图书来进行验证（比如，你没法检验动物的内部，但是你可以找到相关的图书来检验预测结果）。使用一本介绍不同水果特点的书。比如，《水果》（*Fruit, De Bourgoing*, 1991），见专栏3.7。向儿童展示书前面的封面，并让儿童根据自己对书的外部的观察来预测里面的内容。儿童记录自己选择的水果的内部。让教师在接下来的一周内安排小组时间和儿童一起通读这本书。

3月25日：在前几周里，孩子们很喜欢用耳朵"听"水果。当教师提到人们真的可以听到椰子里的声音时，儿童要求想要尝试一下，所以我们观察了椰子的外部。我们会发给每个孩子一张表示一种感官的图（比如，眼睛、耳朵、鼻子或者皮肤），然后让他们只使用一种感官来观察椰子，这些观察结果被记录下来。儿童继而做出了对椰子内部的预测，例如椰子里

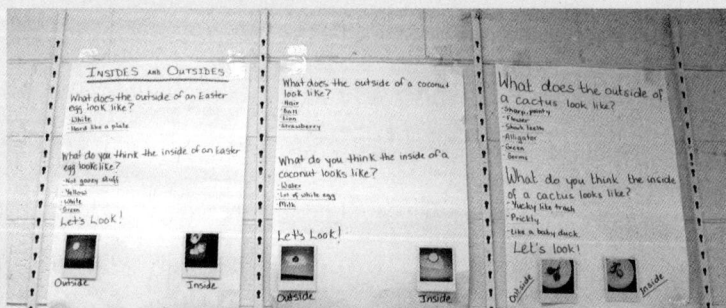

图4.3　记录内部和外部的观察表

面的"果汁"看起来像什么呢，等等。然后椰子被打开，儿童对其内部进行了观察，几个自告奋勇的孩子尝了尝它的味道，他们记录下了观察结果（见活动4.2），孩子们随即完成自己的日记记录（见图4.3）。

　　备注：我们拍下了这个教室的墙面，注意到这些幼儿教师已经和孩子们进行过很多科学活动。孩子们正在观察鸟蛋的内部和外部，他们预测鸟蛋以后会发生什么。他们还养水仙花，追踪它的高度。对更小的孩子们进行这一活动时，这位教师会使用整个椰子作为观察和预测对象。孩子们观察了椰子的内部，然后教师记下了所有的结果。后来她告诉我们：一个孩子说已经知道这种"果汁"（通过观看电视节目）是椰汁——如果你只挤压白色的部分就是椰奶了。

　　3月26日：我们已经学习了很多有关种子和水果的知识。我们知道种子通常在水果里面，但也很好奇种子的里面是什么？观察、预测和检验向日葵和南瓜种子，并在日记中记录各种种子。

　　备注：教师想让孩子对种子进行分类，并且把它们融入艺术作品中。而且，教师会在本周后面几节课阅读关于南瓜的生命周期的书籍。更低年级班级的教师会让孩子观察复活节彩蛋的外部，并且预测其内部的内容。她制作了一张板报来记录儿童的观察结果，上面还有照片。

　　4月2日：我们和儿童谈论到我们能够观察其他人，并且根据其外部的表情预测他的内在感觉。首先，我们让一个成年人摆出各种表情，随后让儿童观察、预测和检验。其次，儿童通过表情和姿势来表达一种情绪，儿童们也会在日记中画上各种表情的面孔。

4月4日：我们回顾了关于根据对方的面孔和身体姿势来预测对方的内在情绪的谈话，然后我们继续进行了更多关于种子的谈话。阅读埃里克卡尔（Eric Carle）所著的《一粒小种子》（*The Tiny Seed*，2005，见专栏3.8）中有关种子和植物的生命循环的内容。

备注：我们让孩子记下并且讨论植物的生命周期，这是为了衡量儿童对植物知识的基础水平。在相关的活动结束后，我们可以重新评估儿童的知识水平。

4月9日：在教室里准备好根部暴露的花园植物和仙人掌。让孩子们观察从一粒种子生长起来的花园植物，就像书中的花一样，记录观察结果。然后，过渡到对沙漠植物的观察。比如，为什么书上的种子不能在沙漠中生长呢？

备注：一个孩子指出仙人掌就长在沙漠中，而另一个孩子认为仙人掌不是植物。他们的表现好像是看过了课程计划一样！我们决定通过观察仙人掌来探索这一问题，确定它是否和花园植物有相同的地方。我们进行了观察并做了记录，然后我们注意到它们都有根。一个同学说仙人掌有茎——"只是它的茎非常粗"。我们通过图书验证了他的想法，书上的知识告诉我们仙人掌上的针或者刺的确也是一种叶子。了解到这些以后，每个人都认同仙人掌是植物。孩子们请求我们把仙人掌切开，所以我们承诺第二天进行这项活动，并预测了仙人掌的内部是什么。我们在日记上描述了这种植物的外形，在这个记录过程中，充满了热烈的讨论，并且不断被孩子们对仙人掌上的刺是像荆棘丛上的刺，还是圣诞树上的松针的争论打断，这太棒了！

4月10日：回顾前一天的预测。我们切开仙人掌，记录观察结果，把观察结果写到日记上（见图4.4）。

备注：教师告诉我们一个孩子家长让我们务必要拍下仙人掌的内部，因为孩子一直在谈这件事。助理教师为孩子们带来了一些海产品。比如，鲎、鳐科卵囊、峨螺卵囊。一个孩子提出应该"观察"一下后者的内部是什么，他以前也用过这一词语。我们观察发现峨螺卵囊里有很多小峨螺，但是鳐科卵囊却让人很失望。这些孩子很喜欢海洋的话题，因为他们都喜欢在海边度过自己的假期。

图4.4 记录我们对仙人掌内部的观察结果

4月16日：复习我们所研究过的所有事物和相关词汇，巧合的是，我们赶到时孩子们已经讨论起记忆了。我们也让孩子们想想动物的内部和外部，虽然我们设计的PrePS活动通常可以让儿童思索和学习所在环境中的事物，但是当儿童对沙漠非常感兴趣时，我们也把儿童对仙人掌的探索延伸到对"生活在沙漠中的动物"的讨论，我们让儿童观察照片上的骆驼的外形，记录观察结果。孩子们一起讨论驼峰，预测驼峰的内部是什么，记录预测结果，然后讨论骆驼可以有几个驼峰，其实，骆驼有单峰驼或双峰驼，但是想象中的或者在裴斯（Seuss）博士书里的骆驼可以有更多。我们讨论如何检验自己关于骆驼的预测的方法。一个孩子回答说："我们不能把它切开！地毯上会都是血的！"另一个孩子也补充道："还会有食物！"（这些评论符合他们对骆驼内部的预测。）最终，我们想到了使用图书或者网络来研究这一问题。我们在日记本上记下了对骆驼的外形的观察。

4月17日：复习单峰骆驼和双峰骆驼的名字。这并非在原先的计划中，但是一个儿童把双峰骆驼（Bactrian Camel）叫成"火车"骆驼，所以我们想让儿童多接触一点儿这个词汇。我们告诉儿童"'B'这个字母上有两座山峰，就像双峰骆驼一样"。复习关于驼峰的预测，并阅读鲁伊斯（Ruiz）的《动物的里面》（*Animals on the Inside*, 1995，见专栏3.7），通过查找、阅读来检验自己的预测。观察骆驼内侧的图画，在讨论中告诉儿童驼峰的内部是脂肪，是骆驼吃饭、喝水时储存下来的。当它们没有食物和水时，脂肪就是它们的能量来源，就像我们人类的身体一样。

备注：我们对比了大驼峰的骆驼和小驼峰的骆驼的照片。抛出问题，哪只骆驼很长时间没吃饭了？一个儿童弯下腰说他也有驼峰了，所以我们在他认真吃饭时把他的T恤衫拉高变成了一个大驼峰的样子，而在他不好好吃饭时就把他的T恤衫放低。

两名本科生在做实地研究时问起这个项目，提出了非常有用的见解，并且表达了想加入我们的意愿。另一名孩子在之前提到，他们喜欢教师每天，特别是在午餐时间给大家读自己的预测结果。我们去访问孩子们，拍他们的仙人掌图表。教师向我们展示了他们制作的有关播种胡萝卜种子和预测发芽天数的本子。她很早之前要过《水果》（*Fruit, De Bourgoing*, 1991）和《花园里的蔬菜》（*Vegetables in the Garden*, De Bourgoing, 1994，见专栏3.7），然后告诉我们孩子们很喜欢这些书。孩子们还喜欢讨论不同生物体的种子长在哪儿，包括草和胡萝卜。当然，这是很难的问题！他们的想法都记录在班级日记上。

在探索活动接近尾声时，教师决定用维恩图（Venn Diagram，也就是两个交叉的圆圈）来描述孩子们的观察结果。他们在一个圈里面列出了描述的坚果壳特征，在另一个圈里面列出了人类皮肤的特征，然后根据列出的这些特征找出相似之

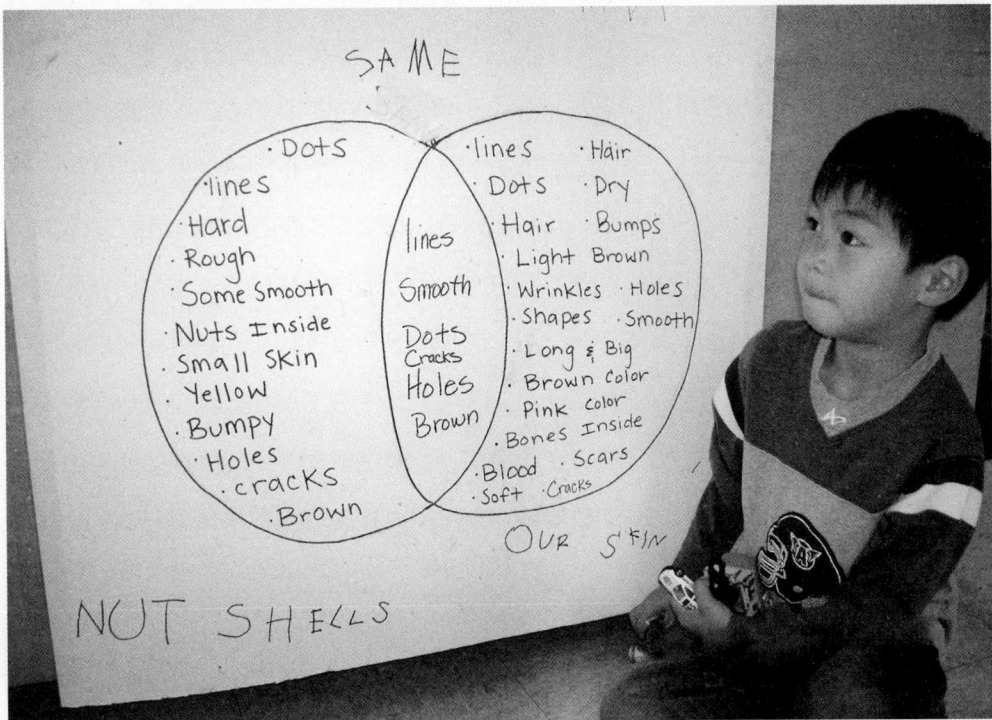

图4.5　比较坚果壳和皮肤的异同点

处填进两个圆圈交叉的位置（见图4.5）。这一图形表征形式可以帮助孩子复习和加深对这两种不同"外表"的相同点和其特别之处的认识。有些教师不确定3~4岁的儿童能够理解这种表征形式。然而，这一体验形式非常成功，因为教师让儿童同时探索了两种事物，对其做出观察，并且根据熟悉的科学实践方法引入了这种新型的表征形式（见图4.6）。

选择坚果作为研究焦点还出于其他两个原因。首先，有一位教师曾经在另外一所学校和孩子们一起探索过坚果，并且发现孩子们对它非常感兴趣。其次，教师希望自己设计的调查活动能够以有意义的方式把科研工具介绍给孩子们。对坚果的调查可以让孩子们使用多种科研工具，包括放大镜、量杯、镊子、量匙和天平。除了要用研钵、杵子和研磨机来制作坚果酱，他们还需要用到锤子、棒子和胡桃夹子把坚果打开（见图4.7）。这些使用工具服务于不同目的的体验活动，也很符合形式和功能的核心概念。由于科学概念都是互相联系的，你会发现即使你正在探索的并不是那个核心概念，大想法也会自己冒出来——为儿童提供更多的体验活动可以更好地和新内容衔接。

把坚果作为焦点明显可以促进观察、预测和检验等科学实践能力。这样也把比较和对比过程很好地结合在一起：儿童通过大量实践来讨论不同种类坚果的颜色、形状、纹理和大小的相似和不同之处，当儿童开始比较坚果的颜色和他们自己或朋友的肤色时，他们就在坚果和人类之间建立了联系。维恩图以图形的方式呈现了坚果壳和人类皮肤这两种外表皮的相同和不同之处，这种图表直观地表现出这两种外表皮之间的一些共同特征和各自的特别之处。而且，这种表征性的工具在儿童进入小学阶段以后的学习中也会遇到，此处向儿童做了一个引入。通过根据不同的标准对坚果进行分类，这种体验课程还增强了儿童的数学能力，儿童也会使用工具来测量坚果的长度来比较不同品种的差别。

这一系列的探索活动也培养了儿童的词汇对话和词汇方面的科学实践能力。当儿童观察或者研究坚果的外部和内部时，他们在不同的情境中使用了大量有意义的词语。一些词语是用来讨论或者描述坚果本身的。比如，外壳、裂纹、滚动、树、

图4.6 观察皮肤

图4.7 核桃壳内部是什么

尺寸、大的、小的、巨大、很小、形状、圆的、椭圆的、纹理、凹凸不平的、光滑的；其他词语描述了活动过程：测量、倒入和分类。教师也向儿童介绍了工具和坚果的名称：棒槌、研磨机、杏仁、腰果和榛子。这些词语被贴在教室里很显眼的位置，这样家长看到之后就可以在家里使用这些词和孩子对话了。没有必要让孩子们特别记住这一长串的专用名词，然而当这些词成为实时探索活动的一部分时，孩子们就可以掌握它们，并且能够正确地使用它们。研究表明，这与在家里接触不常用的词汇和通用词汇的习得有关（Hart & Risley，1995），而这又和阅读成就有关（Dickinson，2001；Strickland & Risley-Ayers，2006）。这一班级的教师在探索坚果的活动中还引入了大量的书籍（见专栏4.3）。

专栏4.3

在坚果研究时可参考的书籍

Aardema, V., & Cepeda, J. （2002）. Koi and the Kola Nuts. New York: Simon & Schuster Children's Publishing.

Burns, D. L., & McGee, J. F. （1996）. Berries, Nuts, and Seeds. Minnetonka, MN: NorthWood Press.

Coats, L.J. （1991）. The Almond Orchard. New York: Simon & Schuster Children's Publishing.

Earle, O.L. （1975）. Nuts. New York: Morrow.

Ehlert, L. （2004）. Nuts to You. New York: Harcourt.

Poole, G.J. （1974）. Nuts From the Forest, Orchard, and Field. New York: Dodd, Mead.

White, K., & Cabban, V. （2004）. The Nutty Nut Chase. Intercourse, PA: Good Books.

四、相关的主题内容

很多教师已经有了基于主题设计的全面课程规划。对于在一学年就已经开始进行的以秋天为主题内容的教师而言，探索苹果这个主题很受欢迎，就可以继续扩展到更多与秋天有关的事物，比如南瓜。对这些事物的探索可以通过向儿童提供大量观察——预测——检验的系列实践活动得到进一步强化。教师们也可以在教室活动中引入其他科学实践方法。专栏4.4重点展示了一位教师所设计和实施的一系列学习体验课程。这位教师也是第一次把PrePS教学方法整合到自己学校的课程规划中。他们阐述了PrePS是如何通过引入核心科学实践方法，包括那些需要高等思维、数学和读写能力的方法，来强化主题性探索课程的。出于很多理由，这些活动非常有价值。首先，它们来自第一批PrePS教室，而且这一教室的带领者也是第一次接触PrePS项目，虽然有研究团队的支持，但是这位教师对课堂绝对是全权负责，而且其他研究者很少带领学习活动；其次，这一学校的服务对象主要是西班牙母语家庭，表明这是PrePS第一次在母语非英语的学习者的课堂上使用。

专栏4.4
一项使用PrePS充实基于主题的课程规划的幼儿园教学计划

重点摘录：

1. 介绍"观察"这个词的意义。"我观察到你穿着蓝色的长裤。我观察到我们的教室非常安静"。你们认为"观察"是什么意思呢？

2. 在开始苹果活动之前，让孩子们体验每一种感官。为了了解儿童对这一概念已有的知识，画出和每一种感官对应的画。比如，用耳朵表示听觉，用舌头表示味觉。然后，让儿童描述每一种感官可以用来干什么。

3. 进行1～2天聚焦于每种感官的活动。为了探索耳朵和听觉的关系，我们可以把每个孩子的眼睛蒙上，弹奏一种乐器，然后让他们猜听到的是什么。探索皮肤和触觉的关系时，可以让孩子们触摸教室里的东西。比如，木偶娃娃、皮球、积木，然后描述自己的感觉。描述时尽量使用软的、光滑的、硬的、粗糙的和凹凸不平的这样的词。

4. 在以大组为单位的指导下，开始观察苹果的活动（见活动3.1）。

5. 以小组为单位指导孩子们使用科学日记。"科学日记是科学家在进行探索时用来记录、写下或者画下信息的工具。当我们在观察时也会使用到科学日记"。让每个孩子选择一个日记本自己画上可供辨识的封面。在写日记时，帮助儿童关注科学日记的记录目的，而不仅是创造性地画画。教师可以通过引导儿童关注颜色，问问他们观察的苹果是不是和桌子上的苹果一样。它们的异同之处在哪儿？

6. 开始苹果预测活动（见活动3.2）。在大组指导实践中讨论前一天做过的观察。"大家还记得我们昨天观察了什么吗？我们对苹果做出了什么观察？今天我们要预测苹果的内部是什么。你们知道预测是什么意思吗？它就像一种猜测，我们已经知道了苹果的一些知识。现在我们要思考并且讨论一下苹果的内部会有什么"。在表上记下孩子们的回答。在小组活动中，回顾每个孩子的预测。可以趁这个机会纠正一些"不恰当"的猜测内容。比如，苹果内部住着很庞大的动物。让孩子们观察苹果的大小，然后询问："这个苹果内部可能住着一个（儿童的猜测）吗？"同时，也可以让孩子们想想自己先前的经历："你在吃苹果的时候，看到苹果内部有什么？"让儿童画出自己的预测，并且对其做出解释，写下他们的描述。这些结束以后，问儿童我们怎么才能确定苹果的内部是什么。"要检验我们的预测，可以做些什么？"

7. 用嗅觉来探索苹果：比较苹果和其他水果。讨论前面两天进行的活动。"星期一，我们用感官观察了苹果。星期

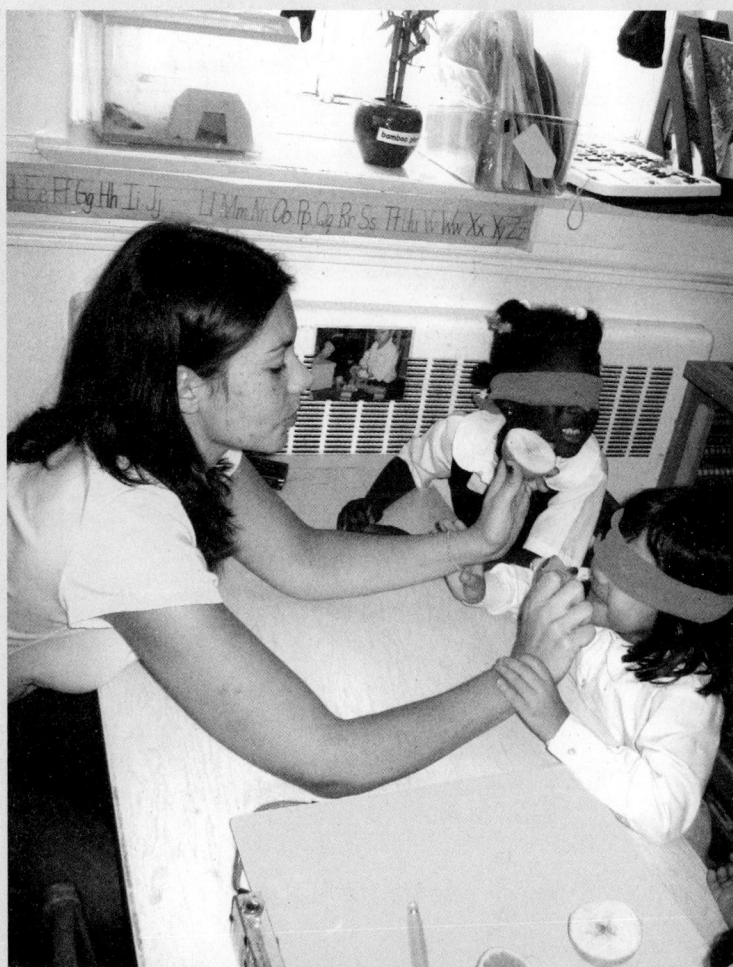

图4.8　你正在观察的是什么？是苹果还是橙子

嘎啦苹果	青苹果	金冠苹果
这一种苹果味道如何?	这一种苹果味道如何?	这一种苹果味道如何?
D：甜的。	D：它吃起来像草一样，太酸。	D：嘎啦苹果比这些好吃多了。
C：有汁水。	C：它很酸。	C：酸。
K：它汁水很多。	B：更酸。	B：酸。
B：它很甜。	K：它吃起来很酸。	K：酸，有点酸。
K：它甜。	K：它的汁水很酸。	K：它尝起来是酸的。
W：尝起来和苹果一样。	T：它很酸。	G：它尝起来是汁水很多的苹果。
J：像苹果。	W：蓝莓。	W：它尝起来像紫色的棒棒糖的味道。
Y：像水果。	J：酸。	J：像棒棒糖一样，甜的。
S：很硬，很酸。	G：它好像很酸。	Y：尝起来像西瓜。
B：很多汁。	Y：像棒棒糖，绿色的棒棒糖。	T：像糖，和棒棒糖一样，酸的。
	S：它是酸的。	B：像果汁。
		S：酸的。

图4.9 品尝苹果的活动记录

二，我们预测了苹果的里面可能有什么"。今天，我们将会探索苹果的气味，我们会用到一根香蕉或一个橙子，以及一块苹果。把孩子们的眼睛蒙上，看看只靠嗅觉能不能分辨出哪一个是苹果（见图4.8）。

8. 运用味觉来探索苹果。品尝3种品种不同的苹果，记录下儿童对每种苹果的观察结果。然后提问："你最喜欢哪种苹果？"并且记下儿童的答案（见图4.9和活动4.1）。歌唱《我看到了苹果》（Jordano & Callella, 1998），每种颜色（红色、黄色和绿色）的呈现都符合了押韵和音素混合的规则。

9. 通过苹果来介绍天平。引入天平的概念，让孩子们两两一组使用苹果和砝码探索天平的运动，然后开始指导孩子体验活动。介绍如何把苹果放在一侧，砝码放在另一侧，保持两者的平衡。"看看天平是如何上下摆动的，当一侧已经垂到地面，而另一侧翘得很高，这意味着什么？"让孩子们自己在日记本上记下观察结果（见图4.10）。

10. 阅读《五个红苹果》（Kristen VanValkenberg的手指游戏，Jordano & Callella, 1998）。让孩子们进行手指的运动。

11. 比较和对比：梨和苹果。让孩子们识别这种水果块（梨），让他们向你介绍自己对这种水果的观察和发现，并把观察对象记录到日记本上，同时也要把对梨内部的预测记录下来。如果有必要的话，让他们在预测的时候先想一想苹果。"它的内部会和苹果一样吗？为什么这么想？哪些会是一样的？哪些会是不同的？"然后在当天或者第二天，检验预测是否正确。

12. 一个实验。"昨天我们用自己的感官观察了一个梨。

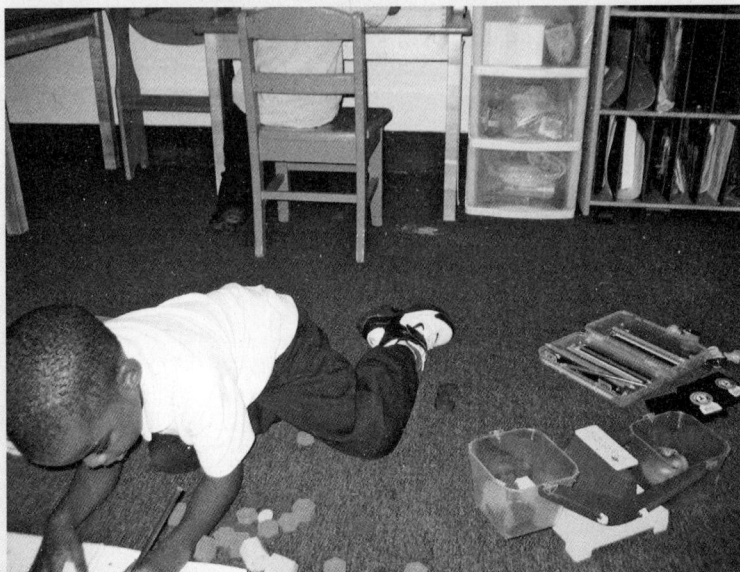

图4.10 记录我们对天平的观察结果

你们还记得我们观察到了什么吗？今天我们再次观察苹果和梨，我们会给它们去皮，把它们切开，就像昨天做过的一样。大家回忆一下，切开它们之后会发生什么呢？是的，它们会变成棕色。今天我们观察把切开的苹果和梨放在水里和放在柠檬水里会发生什么。我们也会把一些苹果和梨放在一边，让我们预测一下它们会发生什么。你们觉得我们放在一边的水果会变成棕色吗？为什么这样觉得？它们在水里会变成棕色吗？在柠檬水里呢？用上你们的科学日记。让孩子们讨论并且记录下对苹果和梨变化的观察。有没有苹果或梨还维持着白色的？是哪些？有苹果和梨变成棕色了吗？是哪些呢？"

13. 制作苹果酱（苹果是在我们参观果园时摘的）。估计篮子里有苹果的数量，我们如何才能检验自己的预估呢？通过数数确定篮子里苹果的数量。如果制作苹果酱需要0.9千克的苹果。"我们怎么称出0.9千克的苹果呢？"我们可以把苹果去皮、去核，使用天平称出所需的量。"我们会给它加热，把苹果煮熟。你们预测苹果会发生什么变化？"把苹果煮熟来检验预测（来制作苹果酱！）。

14. 开始对南瓜进行探索。首先观察南瓜，让孩子们辨认南瓜，并且介绍自己对南瓜的了解，鼓励他们使用自己的观察技能。在日记时间里，让孩子们在记录之前先注意一下南瓜的颜色和形状。在他们描述到自己所观察到的南瓜的细节时，让孩子想想怎么才能把它们画出来。

15. 预测南瓜的内部。讨论前一天所做的预测。"大家还记得昨天观察到了什么吗？我们观察到了南瓜有什么特点？让我们看看这张表。今天我们将要预测南瓜的内部是什么样的"。把孩子们的回答记录在表上。

16. 检验南瓜的内部。让孩子们把自己对南瓜内部的观察结果记录在日记上（见图4.11）。

17. 称南瓜。继续使用天平来进行体验活动。让孩子们选出自己认为最大、最重和最小、最轻的南瓜。"我们怎么才能确定自己的选择是否正确呢？"把天平拿出来，分别称出孩子们选出的最大和最小的南瓜的重量。你们认为会有其他南瓜比这个小南瓜更轻吗？怎么找到它们呢？通过对大小和重量的比较引导孩子们思考更多和更少的概念。大量使用比较级的词语，虽然由于不同物体的密度不同，它们的大小和重量并不总是对等，但是因为我们比较的是同种物体——南瓜，大小和重量之间有很大的关联。

18. 在小组活动时，继续进行这些数学推理活动。把南瓜

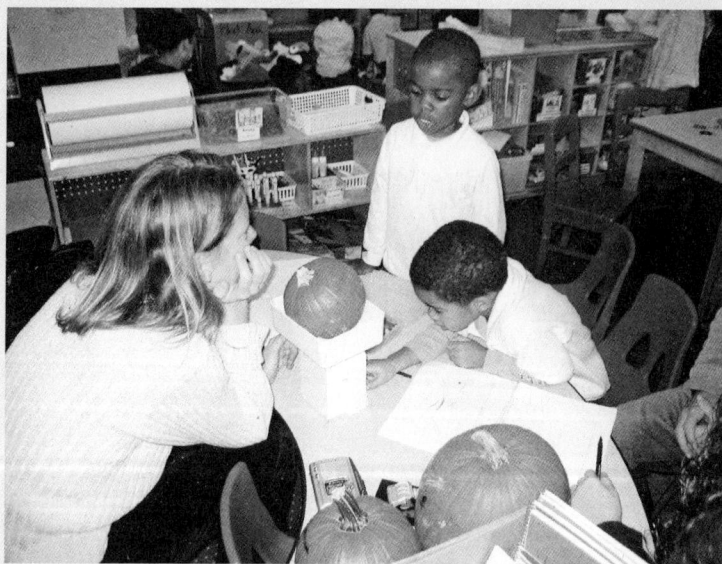

图4.11 南瓜探索活动

的大小和重量联系起来。称一个大南瓜（4千克或者4.5千克）和一个小南瓜（0.9千克），让孩子们预测中等大小的南瓜大约多重，如果需要的话，要具体化他们的答案。比如，如果孩子说中等南瓜的重量是0.45千克，再复习一下大小顺序："最

> 小的南瓜在哪儿？最大的南瓜在哪儿？中等的呢？对，应该在中间。现在让我们看看，最小的南瓜是0.9千克，最大的南瓜是4.5千克。你预测中等大小的南瓜是0.45千克，那比小南瓜的重量还要少。你觉得这个南瓜（中等的）比那个（小的）还要轻吗？"等儿童回答过之后，教师说："让我们检验一下你的预测。让我们看看这个南瓜重多少。"

　　专栏4.4重点列出了这位教师自己对她在幼儿园设计的教学计划的介绍和注解。读过这些介绍和注解之后，你会发现所有活动中都渗透着科学实践方法的运用。这位教师成功地把PrePS的精髓融入她的教学当中。然而，我们在向更多教师介绍PrePS时，发现并不是每位教师都能够如此轻易地掌握PrePS的教学方法。因此，我们发明了科学实践规划表（见图3.12），并且提供了完整的教学实例来说明PrePS的典型学习体验活动及其所要达到的目标，也就是这里所介绍的内容。

五、聚焦于个体感官

　　使用苹果介绍完观察、预测和检验的概念之后，我们就可以自然地深入到对感官的探索。通过聚焦于感官所提供的特定的信息，可以帮助我们探索形式和功能的核心概念。正是利用这种方法，我们成功地促进了儿童的学习，而且这些成功都被记录下来了（见第5章）。专栏4.5是预先设计的系列活动，它从基本活动进入到对感官功能的探索，最后介绍了能够扩展感官的科学工具。这一活动顺序还纳入了Christine Massey和Zipora Roth（2004）的设计和我们为自己的课堂设计的一些成功的学习活动。

专栏4.5

1. 探索我们的感官。

2. 使用感官观察一个苹果。（见活动3.1）

3. 预测和检验：苹果的内部是什么？（见活动3.2）

4. 对比和比较不同种类的苹果。（见活动4.1）

更多的观察、预测和检验活动。如果你认为孩子们会受益于更多的新单词和方法的练习，请大胆地利用不同物体重复这些活动。这种活动的其中一个变式就是让儿童观察真正的水果、蔬菜和廉价的仿制品（采购于折扣店），然后比较和对比它们。这突出了组成这些物体的成分差异。当某种特质是区分两种物体的关键特质时，儿童真的非常善于注意这种特质。

5. 使用所有的感官来观察一个椰子。（见活动4.2）

6. 匹配声音。（见活动4.3）

7. 触摸和声音。在这项活动中出示3个看起来一样的物体（两个装着热水和一个装着冷水的密封袋，或者两个热敷疗器，一个冷敷疗器）。儿童被告知其中一个和另外两个不同，而他们的任务就是找出那个不同的物体。让儿童提出并且检验自己的观点，要让孩子们感受到温度差别的发现与皮肤的联系，我们的皮肤可以让我们感觉到事物的冷和热。（见专栏4.1对这一活动的延伸介绍。）

8. 味觉。给儿童提供两碗苹果酱，其中一碗是天然无任何添加剂的，另一碗是加入糖的，让儿童比较两个碗及里面的苹果酱的外形、味道、触觉和重量的不同，虽然现在它们看起来完全一样，但是我们还没有使用味觉来进行探索。每个孩子都有一次机会品尝两种苹果酱，然后对自己的体验进行观察。还有一种看起来相同但是味道不同的食品是奶酪，孩子们也可以品尝它们，并把自己的偏好绘制成表，过程类似于活动4.1的"苹果活动"。

9. 嗅觉。先把橡皮泥捏成一个大块，然后把它分成两半，分别在每一半里加入不同的东西，比如薄荷和柠檬。把橡皮泥装进密封袋中，这样孩子们就可以看，摇动和触摸它，但要保证两个袋子所有特征都保持一致。有人会提出闻一闻（如果有必要的话，教师可以主动提出），在游戏时间"闻橡皮泥"的活动非常受欢迎。另一项活动让孩子们闻罐子的味道来进行观察、预测和检验。儿童不能看各种不同的物体，只能闻（比如，肥皂、咖啡、大豆、橙子片、巧克力），然后让孩子猜出他们闻的物体的名称。你可以写下他们的答案，或者如果你想引入科学日记的话，可以让孩子们看一看有可能是的物品。让他们选出自己所闻的对象画到日记本上，然后把所有的事物都呈现出来，让孩子用自己的眼睛来检验自己的预测。

10. 视觉。我们的视觉是唯一能够感知颜色的感官。这一活动需要把一个东西藏在棕色的纸袋子里，然后让孩子们判断里面物品的颜色。使用的物体形状要一致，但是可以有多种不同的色彩备选。把一个物品藏在袋子里面，然后把所有不同颜色的这种物品都放在一个托盘里，并且放上所有不同颜色的第二种物品。让一个孩子触摸一下袋子里的物品。它属于什么种类呢？（比如，是蜡笔还是积木块）你是怎么知道的？（孩子需要描述它的形状，教师也可以提供帮助）一旦我们通过触觉了解到这个物品的种类，就可以接着问：它是什么颜色？孩子们甚至大人经常难以承认自己对某项事物的不确定，但是这一活动让大家了解到通过触摸某一物体可以感觉出它的形状和质地，但是要确定它的颜色，还需要用眼睛观察。

11. 使用科学工具来扩展感官：放大镜（见专栏3.3）

12. 肌肉和重量。梅西（Massey）和罗斯（Roth）（2004）的活动系列超出了常有的5种感官，还设计了学习活动来介绍肌肉、感觉重量的知识。我们使用几个看起来完全一样的箱子（两个里面只装满了报纸，另外一个里面混合着报纸和很重的书），来开始有关肌肉如何帮助我们感觉重量的讨论，其中一个箱子和另外两个不同。我们可以找出来是哪一个不同吗？怎么找？在随后的小组活动中，你可以让孩子们直接观察在不透明容器里注入黏土或不加东西，比较这两个容器的细微差异。这一活动也可以让孩子们通过感觉重量而不是视觉（比如，在一杯果汁里）来进行判断，从而思考满和空的概念。

13. 使用科学工具来扩展感官：天平（见活动4.4）。

活动4.1~活动4.4详细地介绍了其中一些例子，还列出了科学实践规划表。这些表详细地介绍了活动的学习目标、所需材料和实施程序。活动的顺序非常灵活，教师可以让儿童在开始下一活动之前充分练习某一特定技能或者概念，所以表中还列出了一些选修活动，其中大量的学习体验活动都要进行不止一天。教师可以根据自己对孩子的认识和半天或全天班级时间表来设置暂停点。同样，要给孩子们足够的时间去探索材料和进行讨论，这比按照预定计划推行活动更为重要。

出于以下原因，我们列出了活动4.1~活动4.4这4个扩展范例：

1. 为了阐述我们使用PrePS向教师引入科学焦点的方法。

2. 从这些案例出发，你可以创造出自己的活动方案。

3. 根据教师、课程和学习者的不同，PrePS会出现不同的执行方式——这也是我们预期和鼓励的。

第3节
探索更多的时候到了

虽然探索世界和对周围的世界感到好奇是儿童的天性，但是用科学的方式思考和学习对于他们而言却是陌生的。他们需要时间来形成和练习这些技能。由于真正地探索一个概念是需要时间的，所以PrePS教师提供了大量的学习体验活动来让儿童思考"大科学"概念，熟悉科学思维的方式。教师也为儿童探索和工作提供了充足的时间。这是PrePS的核心特色：任何年龄阶段的学习者都需要大量时间和机会来练习新的技能，掌握新的观点，虽然学龄前儿童是出了名的注意广度较低，我们却发现当他们对某项活动真正产生兴趣时，他们可以花费大量的时间去钻研、探索和学习。

专栏4.6
未预料到的发展

一个PrePS班级正在研究对立的变化，比如融化和凝固。教师引入了一项冰的实验，并且让孩子们预测冰在太阳或者阴凉下是否会融化得更快，然后进行观察、检验。在洛杉矶一个炎热的夏日，孩子们更想探索冰在舌头和皮肤上是如何融化的。这位教师敏感地觉察到了儿童的游戏和研究需求，所以她鼓励孩子们这样做。最后，孩子们结束了他们的玩水游戏，积极地开始了设计的实验。实际上，孩子们是如此专注，他们还主动地探索了不同种类的容器（比如铁、塑料容器）是否能够影响冰的融化进程。

　　当PrePS教师提供了充足的时间后，儿童经常会更深入地参与到科学学习活动和调查中，然而儿童的参与方式可能并不是教师所期待的那样（见专栏4.6），在这方面我们最早的经验来自于向儿童介绍日期戳的活动。我们发现儿童学会正确使用日期戳之前，需要先让他们用自己的方式探索（他们会开心地把戳盖在日记本上、自己的手上或者偶尔盖在其他人身上）。一旦对某一测量或观察工具变得熟悉，成为教室里的常规摆设后，学龄前儿童就更容易正确地使用它们。没有一位教师可以教儿童学会探索新事物的所有办法。相反，教师要试着欣赏儿童想熟悉这些新工具，并且探索不同的用途的做法，然后再进行自己已经设计好的活动。如果条件允许，可以在自由活动时间里把这些工具放在儿童可以拿到的地方，以供进一步探索，这样儿童就可以自己重复探索活动。就像反复重读一个故事一样，重复这些活动可以让孩子们实践自己的新知识、探索新的观点和发现新信息。

　　PrePS项目强调重复探索基本概念的必要性和形成批判性思维技能时实践的重要性。这种重复可能帮助儿童掌握一个概念，把新知识应用到相关活动或问题中。PrePS框架为科学活动的设计提供了结构指导，保证每项活动都能够建立在之前学习的知识之上，并为未来的学习提供基础。当孩子们成为活动的主导者时，就意味着他们能够进行科学性的思维，形成了概念上的联结。

概念/焦点：
形式和功能/感官

活动 4.1

探索感官的功能——对苹果的比较和对比

这项活动扩展了活动3.1和活动3.2，让孩子们继续进行仔细的观察。孩子们会进行品尝，使用不同的方法来观察苹果。他们也会通过描述两种苹果间的相同点和不同之处来练习对比和比较的能力。

材料

● 至少两种在颜色、形状和尺寸上不同的苹果；一种苹果和活动3.1里的苹果品种一致（比如红富士），另一种口味非常不同（比如青苹果或者其他品种）。

● 小刀和切板

● 盛放苹果片的碗或碟子

● 制作图表的公告板

实施程序

● 在教室前面画出两张表，表的一边贴上红富士苹果（或者第一种苹果）的照片或者画，另一边贴上青苹果（或另一种苹果）的照片或画。把孩子们在活动3.1中对红苹果外形的观察结果转移到其中一张表上。用这张表来回顾孩子们对苹果已有的观察。（后面你会用到第二张表）然后介绍第二种苹果。让孩子们也对这个苹果做出观察，把观察结果记录在相应的照片下面。如果你喜欢也可以教孩子这些苹果品种的名称，只是学习这些名称没有对它们的特征进行比较和对比重要。

● 如果孩子们兴致很高，可以继续讨论这两种苹果的相同点和不同点。如果不是这样，请等到下一次圆圈教学时间（Circle Time）。孩子们最终会非常擅长这些活动，尤其是列出不同点，但是在第一次活动时，你需要引导讨论的进行。作为开始，你可以说出两种苹果的一些相同点。比如我观察到它们外面都包着一层皮，然后教师可以说它们也有很多不同点。问孩子们一些和苹果的颜色有关的问题，颜色相同还是不同？以此类推。如果孩子们对两种苹果的观察（写在了表上）有重合的地方，一定要及时说出来。比如，"噢！我在我们的表上看到杰斯（Jose）注意到红苹果上有一根茎，莎拉（Sara）观察到青苹果上也有一根茎。那这就是这两种苹果的共同点。它们都有茎"！

● 最后，让孩子们回顾他们在红苹果的内部观察到了什么，他们是否预测青苹果的内部是湿的？有种子？看上去很白？他们怎么才能检验自己的预测呢？把青苹果也切开，对比两种苹果的内侧。

让孩子们知道他们会在茶点时间吃掉这些苹果，让他们用舌头品尝苹果，从而对苹果做出新的观察。

茶点时间

● 可以在茶点时间品尝苹果。使用观察表来复习儿童已经用过的探索苹果的方式，使用眼睛、皮肤，还可能通过舌头、牙齿、鼻子。让儿童尝一尝、闻一闻每一种苹果的味道，然后描述出来。他们也许还想说说咬和咀嚼苹果的感觉。两种苹果是不是都很脆？还是一种比另一种更脆？把这些观察结果都记到表上。

● 让每个孩子投票来选出大家最喜欢的苹果，这样孩子们可以获得一些数学和数据收集的经验。用第二张表（事先准备好的）来收集数据。让孩子们把自己的名字（或者写着自己名字的标签）写在最喜欢的苹果照片下面。这个表可以用来数数和练习对比性语言的使用。比如，"喜欢红苹果的孩子多，还是喜欢绿苹果的孩子多？""詹姆斯（James）更喜欢哪种苹果？"

　　这一活动的备选扩展方案之一就是对读写能力的训练。当所有孩子品尝过每种苹果，并且选出了最喜欢的苹果之后，他们可以给父母写封信，请求他们买自己最喜欢的苹果（见图A4.1）。实际上，你可以提供信的内容，但是孩子们要负责画出他们最喜欢的苹果的样子。这样做，孩子们必须注意，并且记下自己最喜欢的苹果的颜色，因为只有这样才能让父母知道需要在商店里购买哪种苹果。这一活动的目标很清晰——为了让孩子们准确地记录，并且让孩子们逐渐意识到，写字和画画可以用于传递信息。

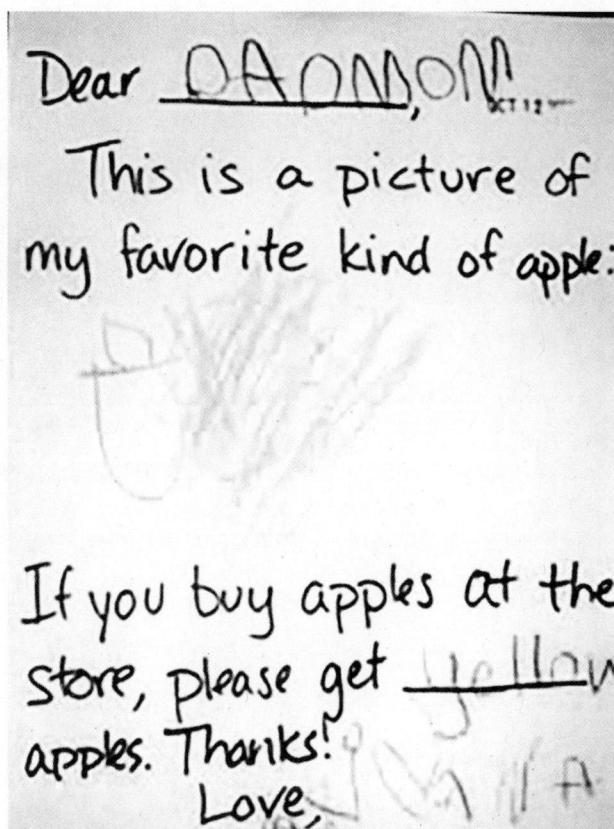

图A4.1 一例苹果信

科学实践规划表

科学实践	概念/焦点：形式和功能/感官 体验：利用视觉、触觉和味觉来比较和对比苹果的各种特征的介绍性活动
观察，预测，检验	孩子们会对各种品种不同的苹果做出焦点观察。 教师把儿童对两种苹果的观察结果都记录在一张表上。 回顾了对第一种（红色的）苹果内部的观察结果之后，孩子们可以预测他们会在第二种（绿色的）苹果内部观察到什么。
比较，对比，实验	教师引导孩子们关注两个苹果的相同点和不同点。相同点可能包括茎，都有外皮，里面都有种子，里面都是白的。不同点取决于所选择的苹果，可能包括外皮颜色、形状和大小。 儿童会比较各种苹果的味道（甜的还是酸的）。
词汇，对话，语言	儿童会在这一情境中练习使用词语"相同"和"不同"。 儿童会复习以前苹果活动中使用过的描述性词语（比如甜的、圆的、多汁的）和部位名称（比如茎、种子）。 也会介绍到用于形容味道（比如甜的、酸的）和食物口感（比如脆的、软的）的词语。
数数，测量和数学	如果孩子们收集了班级最喜爱的苹果，选票可以用来数数和比较。
记录和保存	教师在表上记录孩子们的观点及使用图表来帮助孩子们回忆以前学过的知识时，可以突出写的功能。 儿童最喜爱的苹果图表表明图表可以用来记录数字（简单的数据）这个概念。 使用字和图向父母写一封"最喜爱的苹果"的信，突出了写作和绘画能够用于交流的概念。

概念/焦点：
形式和功能/感官

活动 4.2

探索感官的功能——对椰子的描述

这项活动给儿童提供了更多机会去观察和描述事物，本次活动的主要观点是我们能够对同一物体或事件进行很多不同的观察。儿童会描述一个椰子，并且学会把每一次观察都和自己的一种感官联系起来。椰子只是提供这种练习机会的一个途径，任何涉及多种感官的物体或事物都可以用来进行这项活动。

材料

- 两个新鲜的椰子（一个是完整的，另一个被打开）
- 用来开启椰子的螺丝刀、锤子、钻子
- 削皮刀
- 用于画图表的公告板

实施程序

- 虽然让孩子们直接看着你把椰子砸开会很有趣，但是出于安全的考虑，还是在上课之前完成这项活动比较合适。使用螺丝刀、锤子或者钻子在椰子底下钻个洞，把椰汁排空。我们用锤子把空椰子砸开，使用削皮刀把椰子里面白色的果肉挖走，这样孩子们就可以闻一闻椰子的味道了，把椰汁保留下来让孩子们观察椰子的内部。如果条件允许，拍下这些准备过程。

- 准备一张图表，在图表的最上方贴上每一种感官的图画，你可以把孩子们的观察结果记录在这张表上。在班级上（可以在小组时间），让孩子们传看这个椰子，询问孩子们注意到了什么。在他们做出观察之后（比如"它有很多毛"），问问他们哪种感官或者身体的哪个部分帮助他们做出了这一观察（对于这个问题，皮肤和双眼可以帮助孩子观察出椰子是有毛的)。一旦孩子们想出了帮助他们的感官（或者如果他们想不出，你可以帮帮忙），就可以在对应的感官图片下面写下他们的观察结果。

孩子们会注意到他们听到椰子里面有声音，并且应该鼓励孩子说出自己的猜测，并写下他们的预测。

向孩子们展示切开的椰子及倒出来的椰汁，这时，教师应该介绍切开椰子的过程（使用照片），并且让孩子们观察椰子的内部：它是什么颜色？摸起来是什么感觉？它有味道吗？一些孩子可能会想尝尝椰果果肉。让他们品尝你事先挖出来的果肉，并且向其他同学描述自己的感受。

在选择时间或小组时间，孩子们可以把对椰子的观察记在自己的科学日记本上。教师也可以利用这段时间来回顾对椰子的观察结果（借助讨论时形成的图表），并让孩子们再次谈谈哪些感官让他们发现椰子是"棕色的""发出噪声""闻起来像泥土"等，这让教师可以评估孩子们对新词和我们感官所能获得的信息的理解。

科学实践规划表

科学，实践		概念/焦点：形式和功能/感官 体验：观察椰子
观察，预测，检验		这项活动让孩子们可以使用多种感官，观察同一事物。 孩子们会有机会预测椰子内部有什么，看起来和摸上去会是什么样。 他们会通过观察教师打开的椰子来检验自己的预测。
比较，对比，实验		这些实践方法并不是本次活动的焦点所在。
词汇，对话，语言		教师和孩子们会用到各种词汇来描述对椰子的观察。 过去，孩子们会使用比喻来描述椰子的气味。比如像草、像泥土；描述外形会用像狮子一样毛茸茸的。教师可以鼓励儿童使用更多的这种描述性语言。（比如，"Luis观察到椰子有股气味。这种气味有没有让你想起以前闻过的东西？"）也可以做出榜样（比如，"Samiya观察到椰子摸起来很粗糙。我也观察到了这些。它让我想起了树皮。"）。
数数，测量，数学		这些实践方法并不是本次活动的重点，然而，打开椰子时拍下的照片可以用于后续的这类实践活动。教师可以让儿童选择，并且说出哪张照片里的活动是先进行的？然后会进行什么？当我们打开椰子之后它会变成什么样？
记录和保存		教师会把儿童对椰子的观察记录在一张表上。儿童对椰子内部的预测也可以被记录下来。在小组活动时间或下一次圆圈时间，可以使用这张表来帮助孩子复习所学的词汇。 孩子可以把他们对椰子的观察记录在他们的科学日记上。

探索感官的功能——匹配声音

在这项游戏活动中，孩子们需要匹配出在外形、气味和触觉相同，但在一个重要方面很不同的物品。听觉会帮助他们做出正确的匹配。

材料

● 摇摇罐（比如有盖子的旧胶片罐，不透明的小塑料储存盒）

● 摇起来声音不同的填充材料（比如硬币、回形针、糖或沙子、大米、晒干的豆）

● 如果是大组活动，你只需要准备两个摇摇罐。但是，为了孩子们以后也能使用，最好多准备几个

实施程序

● 告诉孩子你有两个盒子。他们必须要判断两个盒子里所装的东西是否一样，但是不能打开盒子看。他们怎么才能确定盒子里的东西是否一样呢？他们需要使用自己的感官去观察这些容器。活动一开始，你可以准备两个里面装着不同物体的盒子。活动后期再引入匹配的容器。问问孩子们的想法。如果他们想不出任何办法，可以提示一下他们所拥有的感官功能，然后询问孩子是否能想起哪一种感官可以帮助他们解决这一问题。

● 也许没有多久某个孩子就能提议使用听觉。然后你可以说："好的，我正在使用我的耳朵，但我听不到任何东西。"这样可以促使孩子们提出摇动盒子的建议。如果有人提出来了，摇动一个盒子，然后再摇另外一个。这些声音匹配吗？（它们听起来应该不一样）

现在再引入另外一个摇摇罐，它听起来是什么声音？让孩子们仔细观察感受。这个摇摇罐的声音和另外一个一样吗？让另外一个孩子摇摇这个容器。它里面的物品和另外两个里面的一样吗？

总结一下你们目前为止的观察结果，"我们试图使用耳朵来发现这些盒子里的奥秘。当你摇动它们的时候，这两个发出的声音一样，但有一个听起来不同。"问问孩子们我们如何才能确定这两个声音一样的摇摇罐里面的物品一样。孩子们应该建议看看里面（虽然有人还记得"不能偷看"的规则）。告诉孩子们既然他们已经做出了预测，现在可以打开盒子看了。他们的双眼会帮助他们检验哪两个容器里面的东西是一样的。

● 在随后的小组活动中，可以让孩子们探索和匹配你做的其他摇摇罐。如果你还有多余的容器，孩子们也许会很喜欢自己做些摇摇罐，然后和教师以及其他的小朋友继续这个游戏。

我们也可以把游戏搬到户外，鼓励孩子们利用操场上的器具，比如用沙堆里的沙子、混进了大鹅卵石的沙子、泥土、木块等来做摇摇罐。

科学实践规划表

科学，实践		概念/焦点：形式和功能/感官 体验：使用听觉匹配声音
观察，预测，检验		孩子们使用感官来探索看起来完全一致的盒子。 使用某一感官（听觉），他们就能够解决这一问题，发现哪些盒子里装着一样的东西。 通过他们的眼睛，他们检验通过听觉所做的观察是否正确。
比较，对比，实验		儿童使用自己的感官来比较和对比这些盒子。这些盒子看起来一样，闻起来一样，甚至没有摇动之前连声音也是一样的。
词汇，对话，语言		相同和不同这样的词在整个活动中都会使用到，并且还和盒子的特征（比如，相同的颜色、相同的形状、不同的声音）联系在一起。
数数，测量，数学		这些实践方法并不是本次活动的重点所在。
记录和保存		教师可以使用感官图表（活动4.2）来指导孩子们解决问题。

概念/焦点：
形式和功能/感官

活动 4.4

探索感官的功能——感觉重量和天平的使用

　　这项活动在两次互动小组时间中引入了天平的使用，这时，儿童已经具备了自己掂量出物体轻重的能力，并且能够把天平和这些概念联系在一起 。孩子们被告知当依靠感觉无法分辨物体的重量时，可以借助于天平这种工具。这就像孩子们在学习使用放大镜时，他们会了解到有时自己的感官也需要帮助。虽然，孩子们需要大量的时间和体验才能理解这一概念，但是这一活动可以让他们学会如何读天平、如何用它称量物体，以及如何使用它来确定哪个（或者哪堆）物体更重。

材料

- 天平
- 各种可以放到天平上的重物（比如压纸器、大石头）
- 各种天平可以称出的轻物体（比如乒乓球、泡沫球）
- 成堆的物体（比如橡子、石头和贝壳）
- 天平的标准砝码系列

实施程序

- 通过告诉孩子们你想谈谈重的物体和轻的物体来开始活动。问问孩子们是否知道这些词的意思。我们可以让孩子们举例子说出很重的物体和很轻的物体的名称。提醒一下他们的肌肉可以帮助分辨物体的重量。

● 下一步，拿出两个重量明显不同的物体。比如，一本大字典和一个乒乓球。让自告奋勇的孩子（或者甚至整个班级）用小手掂量并确定哪个重哪个轻，并让他们向组内其他同学汇报自己的发现。

● 然后告诉孩子们有一种叫天平的工具，也可以帮助他们发现哪种物体更重。把这两样物体放到天平上，让孩子们观察哪一边会下降，向孩子们强调天平上放重的物体的一端会下降。重复这一步骤来比较其他重量明显不同的物体，让孩子们估计感觉到的重量，然后使用天平来检验哪个物体更重。

● 下一步，拿出两个重量差不多，但不完全一致的物体。可以事先称一下这些物体，以确保其中一个物体确实更重一些。让每个儿童先感觉一下这些物体，然后孩子们可以投票选出自己认为更重的一个，这时可能会出现不同意见。教师可以告诉孩子们小手的肌肉有时候无法准确分辨出哪一个物体更重，但是天平可以。问问孩子们天平上比较重的物体一端会发生什么现象（下降）。把物体分别放在天平的两端，检验哪个更重，使用这一过程重复检验其他物体。

● 最后，使用两种重量相等的物品。让孩子们尝试使用小手的肌肉分辨两种物体的重量是否一致。让他们想想如果两个物体一样重，天平会如何变化。会有一边下降吗？然后把两个物体放到天平上。儿童会观察到天平是平衡的（没有一侧下降），问问孩子们这意味着什么，是有一个更重，还是两个一样重呢？向孩子们重申一样重的物体会让天平保持平衡（如果孩子们需要休息可以另选时间继续）。

● 在接下来的一天可以回顾之前的材料。问问孩子们关于天平的记忆。当他们把重物放到一侧，轻物放到另一侧发生了什么？如果两个物体一样重又会发生什么？耐心等待他们的回答，并且要听取多个孩子的答案。如果孩子们对此很感兴趣，或者得到他们的答案还需要复习一下以前的内容，那么可以简单地回顾一下之前的知识。

此外，你还可以把橡子、石子或者贝壳这些小物体堆在天平上，使天平出现不平衡的现象，然后问问孩子们怎样才能让另一侧（轻的一侧）降下来。他们怎么做才能让那一侧变重呢？如果你在使用橡子和石子，可以让孩子们预测一下多少橡子才能让轻的一侧降下来，使用不同的物体重复几次这一活动。你可以让孩子们自己放上物品，然后让整个班级一起数放入的数量。如果你想让孩子们探索保持平衡的办法，最好要用标准砝码，因为5个橡子或贝壳和另外5个的重量可能不等。

我们鼓励儿童在自由活动时间，在科学角利用其他物体或玩具对天平做出更多的探索。可以通过提问让他们解释天平的位置，或预测把天平一侧的物体拿开或者加上更多的物体，天平会有什么变化，从而引导儿童的学习。

科学实践规划表

科学，实践	概念/焦点：形式和功能/感官 体验：使用天平来称量物体
观察，预测，检验	儿童使用小手肌肉研究物体，然后使用天平来扩展、检验自己的研究。 预测当物体放到天平上时，哪一侧会下降。 儿童通过把东西放到天平上来检验自己的观察和预测。
比较，对比，实验	儿童通过对不同物体的比较找出哪一种更重，并且借助天平确定最重的物体。 这一活动可以让儿童进行简单的实验。他们做出观察和预测并且使用科学工具来检验自己的预测。
词汇，对话，语言	这一活动可以让儿童使用比较性的词汇（比如更重、更轻和一样）来进行讨论。 活动也会用到重量和平衡这些相关的词汇，儿童还会学到工具的名称，比如天平。
数数，测量，数学	儿童要思考需要多少物体才能让一边更重或者保持天平平衡。 在检验预测时，儿童需要数出达到目标需要增加的物体数量。
记录和保存	这些科学实践方法并不是本次活动的焦点所在。然而，孩子们可以把天平和上面所放置的物品作为日记记录对象。（图4.10就展示了一个儿童在探索天平和重量时的科学记录，而教师把在这条日记上想表达的内容用语言转述了出来。）

第5章 评估

无论你是使用PrePS™（Preschool Pathways to Science）来规划你的综合性课程，还是用于促进科学与数学学习的另一类课程，该项目都能支持儿童的社会性、情绪、动作以及认知的发展。当你使用PrePS来规划一门综合性课程时，它必然会促进儿童的整体发展，就像任何一个高质量的项目能够做到的那样。作为一套科学的课程，PrePS可以培养儿童科学地思考、交流及学习的能力。如果你决定用PrePS来支持你的课程设计，你可能需要监控你自己的教学和儿童的学习。本章的内容可以帮助你来评估PrePS在课堂中的有效性。

第1节
如何知道PrePS支持儿童的整体发展

　　在本书中，我们已将PrePS介绍为一种帮助儿童在各领域（包括数学、语言、阅读，以及社会情绪技能等）成长的科学项目。我们知道，PrePS能成为高质量、综合性学前项目的基础，是因为我们已经在加利福尼亚大学洛杉矶分校（UCLA）的早教中心取得了成功，有一些明确的指标表明该项目的整体质量。

　　从20世纪90年代中期，也就是PrePS的起始阶段开始，加利福尼亚大学洛杉矶分校的早教中心便取得了美国国家幼儿教育协会（NAEYC）的授权认证。要获得这一殊荣需要自愿让一个项目接受综合而严格的测评，包括在儿童教育、健康及对年幼儿童的安全知识等方面的达标。这个早教中心一直被高宽教育研究基金会（HighScope Educational Research Foundation）和美国国家幼儿教育协会（NAEYC）评为大学附属早教项目的典范。此早教中心作为一个拥有教育学院的研究性大学的一部分，常被用来作为提高课堂与教学质量评估方法的研究基地。教育学院的参与使得加州大学洛杉矶分校早教中心为提升所有儿童的教育而研究的承诺可以顺利实现。

　　加州大学洛杉矶分校早教中心网站用于训练课堂评估系统（CLASS™, Pianta, La Paro, & Hamre, 2008），该系统用来测评师生互动质量。一些评估员注意到，在教学质量的评估上，该早教中心的得分明显高于其他项目（Sharon Ritchie, Personal Communication, March 9, 2009）。尽管我们不确定，但还是有理由认为早教中心对科学的强调促进和增加了互动性的交流，从而使其取得了很高的评分。早教中心的教学很重视教师提出开放性问题，以及关注儿童的提问，并给予细致的回应。

此外，本中心也是加利福尼亚V头衔项目的一部分。教师需要自学，并且要接受加利福尼亚教育部定期采用《儿童早期环境评定量表——修订版》（ECERS-R; Harms, Clifford, & Cryer, 2007）进行的外部评估。学校在ECERS-R各分量表上取得的高分可以证明该项目具有促进儿童学习与发展的优势与潜力。课程与教学方法只是此项目产生高质量的两个因素。美国国家幼儿教育协会（2006）列出了其他8种儿童早教项目标准：积极的人际关系，儿童发展的持续评估，营养与健康，教职人员与家庭的关系，社区关系，物理环境，以及保障高质量服务的领导与管理等，坚实的课程与教学依然是保证项目优秀的必要条件。PrePS的课程、实施和教学的方式为加利福尼亚大学洛杉矶分校早教中心成为示范项目做出了贡献。

作为全国儿童早期教育中心、全美幼儿教育协会、全国早期教育研究机构（NIEER）以及我们在洛杉矶社区伙伴工作的一部分，前5年里，加利福尼亚大学洛杉矶分校早教中心为提高儿童看护质量，有幸在早教中心的教室里运用以教育项目来提升课堂学习环境的测评方法，以及培训研究者，收集课堂里儿童看护质量的标准化测量方法。在过去10年多的这些课程中，我们运用CLASS™，ECERS-R，成人卷入量表（Howes & Stewart, 1987），以及当场学业考查（Ritchie, Howes, Kraft-Sayre, & Weiser, 2002）收集了课堂层面的分数，虽然机构评估委员会（IRB）人类主题条款不允许发布关于课堂的个人信息，但是我已经全部审阅过了。所有的加利福尼亚大学早教中心课堂得分显示了高质量的课堂环境在所评估的课程中都位于良好至优秀段（Carollee Howes, Personal Communication, April 13, 2009）。

第2节
我们如何知道PrePS促进了科学思维和理解

尽管我们有许多儿童早期环境总体质量的评估工具，但支持对学前儿童科学学习的教学评价的工具却很少，这或许是因为学前儿童能够参与科学活动这一观点相对新颖。当教育者和政策制定者致力为儿童提供早期科学学习的活动经验时，评估工具就会得到开发。我们知道已有研究团队正在为此而努力。ECERS量表（ECERS-E）的扩展版已出版（Sylva, Sira- Blatchford, & Taggart, 2006），它包括对科学及识字、数学和差异性的课堂材料、教学支持进行评估的分量表。

尽管PrePS还没有运用ECERS-E来进行评估，但许多迹象表明了我们课堂的高质量，包括：鼓励儿童通过画画探索和观察自然现象；准备大量的科学工具与参考材料，如各种书籍、制作图表工具，以及提供儿童讨论、提问和记录调查结果的机会。我们很高兴地听说新泽西州的一位合作伙伴也是ECERS-E评估者，在她的课堂中持续使用数学和科学课程后进行报告。研究告诉我们数学和科学学习并不会简单地发生在儿童早期环境中（Brenneman, Stevenson-Boyd, & Frede, 2009）。我们尤其欢迎应用PrePS来提高关键领域教学经验的独立报告。

当然，评估课堂质量的主要原因是判断学习材料、课堂实践、教学方法、课程内容等是否最佳地促进了儿童学习。一般情况下，课堂质量的测评显示其与儿童学习结果呈中等程度的相关（e.g., Burchinal et al., 2008）。一项考察数学与科学环境（通过ECERS-E评估）关系的研究表明，科学环境上得分越高，儿童的非语言推理技能越高（Sylva et al., 2006），尽管这一相关联系并没有达到显著性。

另有研究表明，贯穿整学年的、有计划的、持续的早期科学学习经验会促进词汇的掌握（French, 2004）。支持学前儿童科学学习（e.g., Massey & Roth, 2009; Solomon & Johnson, 2000）和逻辑思维技能（e.g., Klahr & Chen, 2003）的教育干预也同样显示了积极的影响。这些结果表明良好设计的科学学习经历促进了儿童科学素养与科学过程的学习。

近年来，借助国家科学基金（NSF）的资助，当儿童参与与概念有关的早期科学学习时，我们已能对他们的学习进行评估。数据收集与分析虽然还在进行中，但现在的结果令人鼓舞。本书中所描绘的这类相关学习经验，促进了儿童对科学内容和科学实践的理解。例如，我们给儿童多次操作简单的实验的机会。在一些课堂上，这些实验包括种子发芽和植物生长等。其他课堂上，一些实验测试各种物质材料的绝缘性。比如，羽毛、针织围巾、鲸脂（见活动3.3）。在所设置课程的最后，我们让儿童提出自己的简单实验。要求儿童去设计一个程序来解决一个问题（比如哪种手套对手的保暖更好），我们将参加PrePS的儿童与没有参加过的儿童对比，发现那些有多种机会进行简单实验的儿童，可以更好地设计检验每一种手套功能的程序（Brenneman et al., 2007; 见图5.1）。

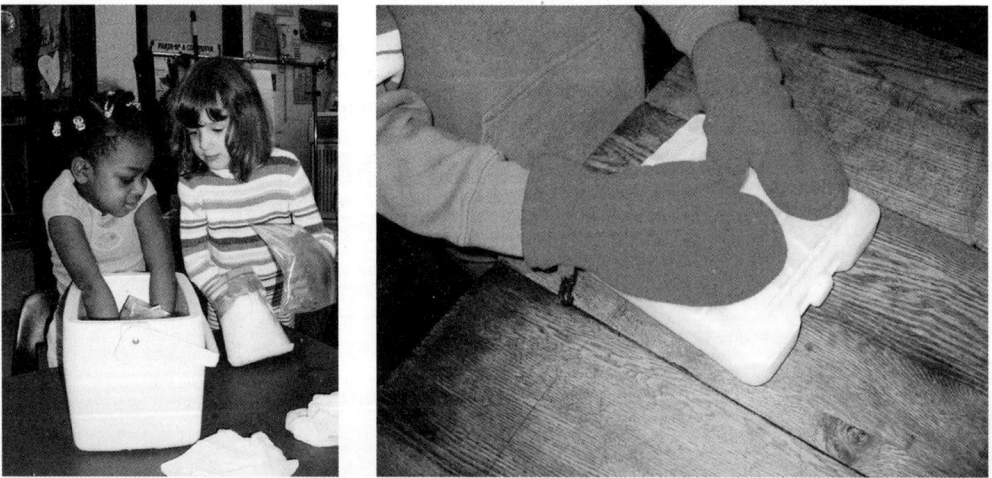

图 5.1 简单的实验

　　我们也比较了44个4～5岁儿童重复简单实验的前后差异，通过儿童与材料的互动能力、自行设计程序来检验问题的能力这两方面进行评价。结果显示：这些儿童中75%的人有提高，而25%的人比前测的分数低，总体来说，干预显示了积极的效果。重要的是，这个程序能让我们测评个体学习者的理解能力。我们注意到，儿童的理解能力是倾向于提高的，但是他们没有掌握实验的技能。在课堂中，教师可用这类信息做出明智的指导决定。这些结果表明，年幼儿童能通过设计、操作、讨论、简单实验等需重复回答问题的课堂中获益和学习（Brenneman & Gelman, 2009），但我们也知道，有必要继续提供更多涉及实验实质的学习经历。一条重要的经验是，可以给年幼儿童介绍实验的概念，把他们引到从事科学活动和建构知识的相关学习之路上。

　　作为NSF资助的一部分，我们已经验证了聚焦于感觉（Brenneman, Massey, & Metz, 2009）、成长与生命周期（Downs, Brenneman, Gelman, Massey, Nayfeld, & Roth, 2009）的学习活动的有效性，后两者都是学前阶段学习的重要主题。通过精心设计学习体验，包括融入互动和关键主题，可以在活动中实现教育的力量。

　　正如第4章已谈到的，我们经常强调早期学校学习中把感觉作为观察的工具。这样，儿童有更多的机会来实践和探索他们所看到的世界，而且有助于促使他们思考每一种感觉所获得的独特信息。在一个3～4岁儿童的小样本研究中，大部分儿童是英语学习者，我们发现那些参加了聚焦于感觉和观察的系列活动中的儿童与没有参与的儿童有明显的差异，而开学之初两组儿童都不能回答关于他们自身感觉功能的基本问题（用他们常用的语言提问）。在后面的测试中运用了PrePS班上的儿童能更好地把每一种感觉与其功能匹配起来（其中，PrePS班上有79%的儿童能完成此任务，而对照班仅有27%的儿童能完成）。比如，参与了PrePS课程的班上，更多的儿童知道他们是用耳朵听，不是用眼睛品尝的（见图5.2），另一个大样本的研究获得了同样的结果，在该研究中我们评价了4岁儿童在参与如专栏4.5中所描述的学习活动之前与之后的理解。

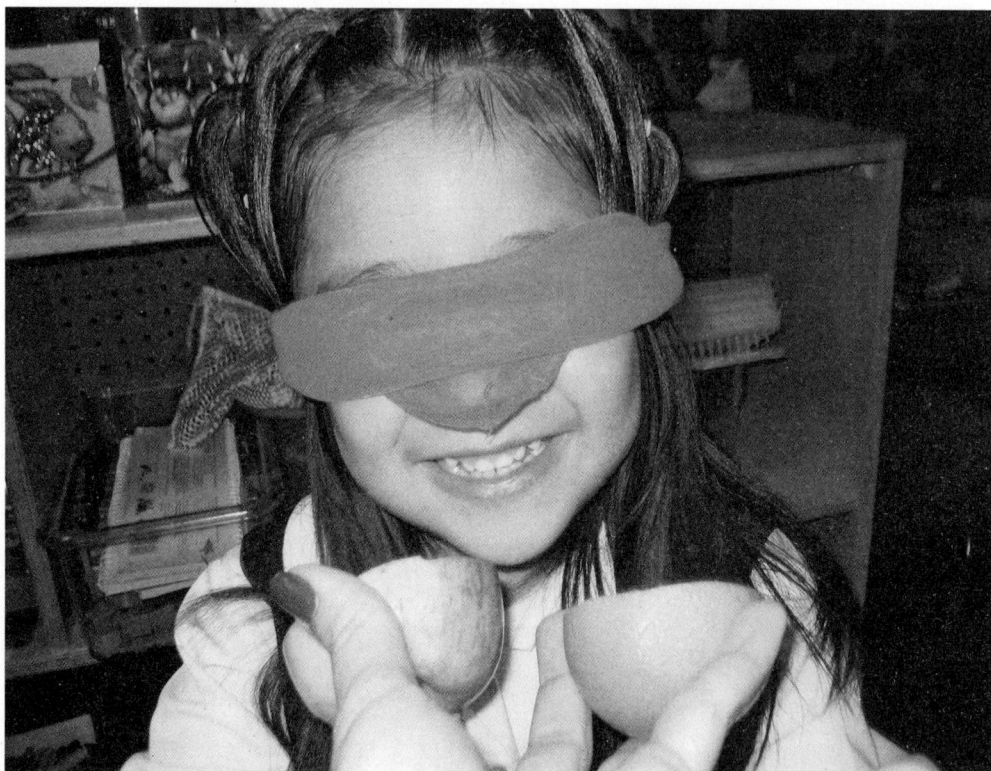

图 5.2　感官和观察

　　最后，从一所大学附属幼儿园大班中，我们让儿童了解感官是观察的工具，是建构知识的一种方法，因此他们对这种知识的理解又向前推进了一大步。参加PrePS学习后，儿童不仅能辨认每一种感官的功能，还能在解决问题的情境下准确地判断每一种感官的功能与局限。总的来说，这些研究支持了PrePS这种以一个常见概念为中心来建构和扩展儿童关于重要科学概念的理解来提供学习机会的项目。这也表明，进行观察是最基本的科学方法。

　　另外一组研究中，我们考察了儿童在参与旨在帮助他们建构概念的学习活动之前和之后，关于成长与生命周期的知识理解水平。前面章节里谈到发展研究显示儿童知道许多关于生物体与非生物体的差异（见活动3.4）：他们知道真的动物能自己动而玩具动物不能；他们知道这两类事物由不同材料组成，里面的东西也不同；动物体内有血、骨头和食物；雕像和机器里面有电线、电池，或者是空的（e.g., Gelman, Spelke, & Meck, 1983）。儿童知道动物会受伤而人造物品会裂开，他们知道动物的伤会愈合而人造物需要人来修理（Backsscheider, Shatz, & Gelman, 1993）。

然而，学前儿童很少讨论植物和动物一样是属于生物体范畴的。植物与动物同样有生命，它们像动物一样生长，但是不能像动物一样自己运动。因此，我们需要设计一系列的活动来促进儿童认识两者的相似性。比如，它们都是活的，有生命周期，有父母亲和后代，有相同的需求，像营养、阳光、水。我们集中比较了这两类实体的相似性，但也有许多机会来比较动植物的不同。例如，它们都需要营养，但获取营养的途径不同。儿童关于动、植物生命周期、父母——后代关系的知识得益于我们课堂上的学习经历（Downs et al., 2009）。我们评价了参加8周概念学习的儿童在学习前后对"后代"的理解（一个物种会繁殖与其同样的物种，例如，猫会生小猫，而不是小狗；豆类植物的种子将长出豆类植物，而不是掌状类植物）。学习后，儿童能更准确地预测豆的种子（豆芽）与蛾卵（毛虫）分别会产出什么。他们也更能在哪一个（豆芽或毛虫）变成哪一个（豆豆或蛾卵）上做出正确的选择。在对4～5岁儿童的一项研究中，只有两个儿童在参加前后成绩没变，其他32个儿童中，84%的儿童获得了提高。这些结果再次告诉人们，我们所提供的学习经历能促进理解力的提高，也能帮助我们明确哪些儿童需要更多概念和技能的学习机会。

PrePS的目标是在儿童已有能力与好奇心的基础上提供进一步学习的经历。请注意，我们没有期望所有儿童都掌握，也不期望评价中的完美成绩，因为学习中不同个体的起点不同。相反，我们的目标是改善，我们研究的结果也表明我们能达到这个目标。与概念相关联的学习经历把许多儿童引到了科学学习的道路上，同时让另一些已在科学学习之路上的儿童走得更远（Gelman, Romo, & Francis, 2002）。

第3节
如何评估PrePS对课堂环境和学习的作用

当你决定使用PrePS的方法来整体规划课程（就如我们在早教中心所实施的）或者附属于其他课程（比如，我们在新泽西州学校中的尝试）时，你就想评估它的效用性。学前教育的评估通常依赖于教师自己的观察记录或者儿童的作品。许多教师已经开始对课堂活动或幼儿的行为进行日常记录，并把儿童的作品收集起来，定期记录儿童的成长。PrePS帮助教师评估儿童学习的方法之一就是提供大量这样的信息。

任何教育机构面临的主要问题都是孩子所学的是否如教学团队所希望的那样。要回答这个问题，教师应该设定清晰的教学目标，然后收集信息来说明这一目标是否达到。这些信息主要来源于儿童与同辈、教师和父母的谈话，甚至可以是他们的自言自语。比如，一个4岁的小孩在浇花时和园长说："植物需要喝水才能长大，就像我一样。你也许会奇怪，水要一路往上走才能进入植物里，既然如此，我为什么要把水浇到土里呢？但是，茎就像是植物的肌肉。看到我的肌肉了吗（弯起他的胳膊）？植物可以把水从土里抽起来。"很明显，这个孩子正在把自己有关肌肉的知识和他正试图理解的水如何进入植物的叶子里的知识联系起来。这种交谈之后，对于科学知识孩子能够建立更为完整和准确的理解。

儿童自由活动时所选择的活动也能够反映他们正思考科学概念、建立联结，即使没有教师的引导。专栏3.6蛇的测量活动就是孩子自己玩耍时创造的。另一个例子讲述了一个4岁小女孩学习物体的内部和外部的事情。在操场上发现了一个绿色圆形的小物体后，她请全班同学讨论这是什么。在故事时间，全班一起讨论这个东西的属性，并且提出了各种调查方案来检验他们的想法，其中包括把它剖开，或者种到土里（因为很多孩子认为它是一粒种子）。后来，其中的两个孩子单独去收集了30多个这种绿色的神秘物，这些足够分给每个孩子单独去研究。孩子们还要了盘子、小刀、放大镜、科学研究日记、笔和日期戳来完成实验。当这些材料收集完毕后，这些孩子又花时间探索这些神秘物。很显然，这些孩子可以自发地，并且有能力使用科学方法来探求他们感兴趣的问题的答案。

正如我们所讨论过的，PrePS的学习经历也可以促进语言发展。教师能够在儿童谈论科学的会话中发现非常多儿童的语言技巧和描述事物，或物体能力的增长的证据。我们收集了大量大团体和小团体的对话材料。这些对话材料体现了教师和孩子对新术语的使用。一个孩子可以看着一个建筑砖块跟教师说："它是蓝色的，长方形的。我只能观察到这些了。"很显然，这个孩子理解"观察"这个词的意思。科学日记也可以反映儿童正在学习的新词汇。

科学交谈（小组的或者记科学日记时的一对一形式）有助于促进儿童使用描述性词汇，并且推动学习进程，学习英文儿童的PrePS教师对此尤其激动。预测和描述某件事发生的原因需要使用更多的复杂句式（Gelman & Brenneman, in press）。在让孩子们进行这些活动时，教师不仅提供了学习机会，也让孩子有机会在有意义的背景中"展示自己"，这反过来也给教师提供了儿童语言能力的提高证明。

第3章介绍了科学日记，它可以促进儿童的学习，也可以作为教师的评估工具，向教师反映儿童在各种课程中的思维方式和技能发展。当教师和儿童一起讨论他们的科学日记时，教师可以调查儿童对概念的理解能力，评估儿童词汇和言语发展水平、运动技能、关注细节的能力和前阅读理解水平（Brenneman & Louro, 2008）。讨论科学日记条目是一种形成性评估的机会。在这一过程中，教师可以问："这个孩子已经理解了什么？我如何提问或者提供什么样的经验可以促进孩子的进一步学习？这个孩子有错误观念吗？如果有，我怎么做才能替换掉这些观念呢？"

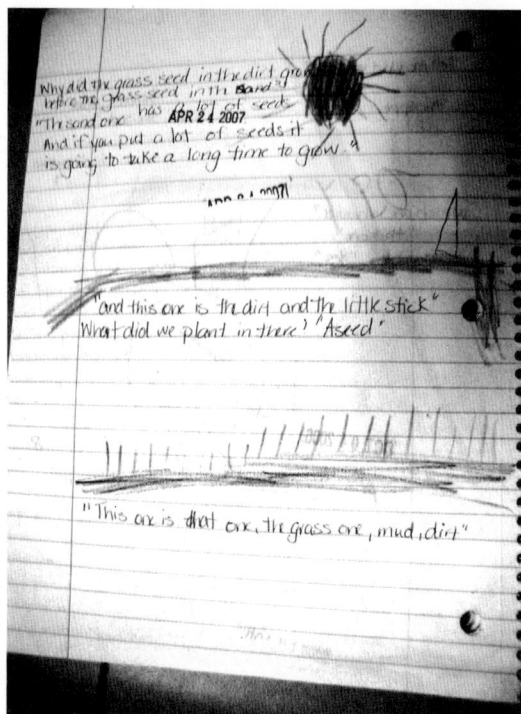

图5.3 这页日记里可能存在着一个错误概念。日记最上面写着："为什么土里的种子比沙子里的种子长得快呢？沙子里有很多种子，如果把很多种子种在一起，它们就会长得很慢。"中间写着："这个是土和小木棍，我们在这里种了什么？""种子。"最下面是"这个是那个，是草、泥巴和土"。

图5.3中的科学日记条文就表明了可能的错误观念的存在。这个小孩可能认为是播种的种子数量影响着草种子的发芽，而不是受播种土壤的影响，虽然把很多种子撒在一小块地方会产生竞争并减少发芽率，但这并不是我们主要讨论的焦点，即使确实是这种情况，也应该让儿童思考泥土和沙子对发芽率的影响。根据每个学习者的情况，教师可以通过询问轻轻地挑战一下儿童的观念："我有点怀疑，种子的数量是真正的原因吗？也许是沙子的缘故呢？你的想法是什么？"然后教师可以鼓励儿童想办法找出真正的原因："我们怎么才能确定呢？可以做个实验吗？我们应该怎么做？"可以设计一个实验来找出影响植物生长的真正原因。这个科学日记也清楚地表明儿童能够使用因果性的语言来解释实验结果。

科学日记也能够在一个单元或者一学期过后提供总结性评估（Gelman et al.,

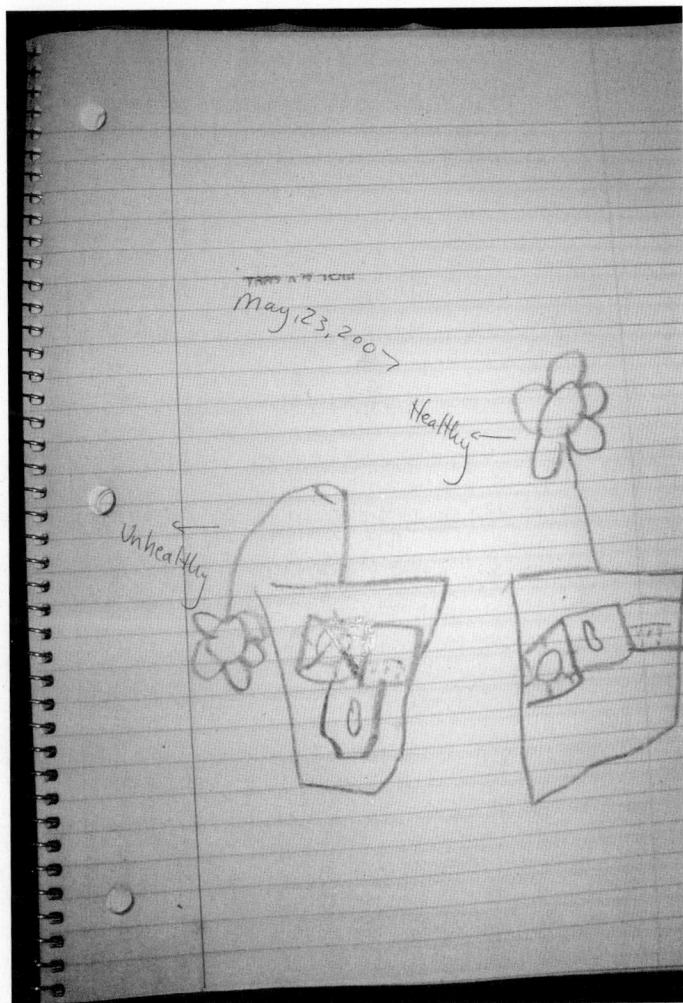

图5.4 类植物记录

2002）。比如，在考察儿童核心概念和子概念在成长过程的发展研究中，儿童参加了大量可以促进他们对植物循环周期理解的活动。为了确定水和阳光是否是植物生长的必要条件，我们把种子种在了各种条件下：有光有水、有光无水、有水无光、既无光也无水 。我们观察并且记录了植物的生长。几周之后，我们讨论了生长在柜子里没有阳光下的植物的特征。孩子们对柜子里的植物居然能生长感到很惊讶。而且，这些植物的茎很长——甚至比生长在有光有水的环境下的植物的茎更长！然而，孩子们也注意到有光有水的豆类植物的颜色更绿，叶子更多、更宽阔，而且立得更直。它们看起来比生长在暗处、没有水分滋养的植物更健康。然后，孩子们记下了实验结果，他们中很多人都正确地记下了两种植物的关键不同点（见图5.4）。这些科学日记的字里行间透露出儿童对大量细节的关注和对描述性语言的使用。

儿童还可以翻看自己的科学日记，找出自己还记得多少调查过的事情。这些科学日记可以提醒自己回忆过去做过的事。参考那些健康和不健康的豆类植物记录，我们可以让每个孩子和没有参与课堂活动的成人讨论这些记录。比如，谈谈在这些植物之间发现了什么差异，哪些植物是健康的，儿童又是怎么发现的，等等。这样，科学日记可以用来评估儿童记忆信息的保持量。教师和儿童一起翻看这些科学日记可以发现儿童记住了什么，并且评估随着年龄的增长他们在概念和语言上的描述是否更为丰富。

科学日记是记录儿童一整年学习过程的持久且时间明确的工具。比较学年初和学年末的记录可以看出儿童在精细运动、关注细节，以及使用大量词汇和复杂句进行看图说话技能方面的发展。科学日记尤其能够反映儿童日益增长的写作技能。一些孩子开始通过自创拼写、向教师请教词的拼写，或者模仿大人的字迹来标注事物。这些前读写水平的发展也会体现在科学日记中。

随着年龄的增长，科学日记的用途也会发生变化，这说明儿童对工具本身目的的理解也有发展。随着时间的推移，科学日记的内容是否更加接近科学（而不仅是创造性的绘画）？孩子们记得给自己的作品标上日期吗？他们在同一幅画上使用各种日期戳的次数会不会减少，是否把日期戳看成科学研究工具而不是艺术工具？图1.1是儿童技能和观念发展的一个例子。你不仅可以从研究日记条目中推断出儿童理解能力的发展，还可以直接询问儿童科学日记和日期戳的功能。专栏5.1的对话是自发生成的，但是你也可以鼓励成人学会用这样的方式和小孩交谈。

专栏5.1

一段关于科学日记的对话

在幼儿园开学了几个月之后，一名并不经常观摩课堂，但对PrePS很熟悉的成人询问两名儿童——马克和布丽安娜，关于一书架的科学日记的事。

成人：那些是什么？

布丽安娜：我们的科学日记。

成人：科学日记是什么？

马克：我们会在上面写做过的实验。

布丽安娜：是的，还有画画。

成人：可以跟我讲讲吗？（指着其中一页上的日期戳）那是什么？

布丽安娜：这是日期。

马克：是一个日期戳。

成人：为什么每一页上都印着这个？

布丽安娜：这样我们就知道记录它的时间了。

3个人坐在一起，然后，孩子们让这位成人读出每一个条目上的日期。这些孩子能够记得某个条目的前一条或后一条，即使有时它们的页码并不相邻。他们根据戳上的日期，而不是页码，来记住时间顺序。

第4节
如何知道所做的是否正确

PrePS是为了帮助教师指导孩子学习、实践和理解科学而设计的。我们已经列举了大量的事例证明该项目提供了高质量的课堂学习环境，并且有助于推动科学概念的学习和实践能力的发展。当儿童得到鼓励，能够通过各种活动和经历深入探究同一概念或想法时，他们才乐于学习。除了研究发现和分数，我们还收集了和我们一起共事、采用PrePS教学的教师的意见和想法。很多教师报告说他们的教学方法和对待科学的态度都发生了转变。

这一项目真的让我重新思考自己和孩子们开展活动时应该如何对待科学，现在，我意识到我对运用科学术语更加从容了……它们不再那么莫测高深了。

——SL，来自新泽西州的早教教师

有些教师能够相对轻松地接受PrePS的一些观念，他们发现模仿教学范例课程很有帮助。然而，到目前为止，我们很清楚不会只有一种正确实践PrePS的途径，甚至不会只有一种绝对正确地引发特定学习经验的途径。对此，教师会感到放松，也可能是沮丧。在我们和教师合作过之后，我们稍稍修改了向教师介绍和指导他们使用PrePS的途径。这本书就是我们进行自我评估后的成果，书中保留了有用的部分，并对需要改进的部分进行了修正。我们相信来自你的成功经验、评价、建议，以及批评都可以帮助我们修订本书以后的版本。

我们希望每个人都能够静下心来反思一下我们所做的工作，目标是什么，而我们所做的是否有助于高效地达成目标。作为一名教师，证明PrePS有效的最有力证据来自于对儿童学习能力的评估，另一个证明你已经掌握了PrePS精髓的方法莫过于环顾一下教室的文化墙（见专栏5.2）。

专栏5.2

文化墙

很多早教教室内贴着海报，以鼓励孩子去"阅读"！上面有儿童的艺术作品，也可能是教师准备的公告栏，吸引儿童注意当周的学习主题。然而，在引入PrePS的时候就需要改变这些墙壁的布置，各处都需要看到儿童的观点。墙上挂着记录着儿童语言描述和解释的观察预测表（见图5.5）。儿童很开心能够在一天中观察这些，他们经常在午饭或者茶点时间让教师给自己读读"我的预测"。除了儿童的艺术创作，墙上还挂着儿童关于科学探索的画，这些反映了儿童对给定概念的观察和理解。当我们给教师们介绍PrePS时，我们请他们想想教室墙的布置。其中有多少代表了儿童的观点和想法？当教师引入了科学的思维、谈话、实践和理解方式时，对这一问题的回答会发生改变。

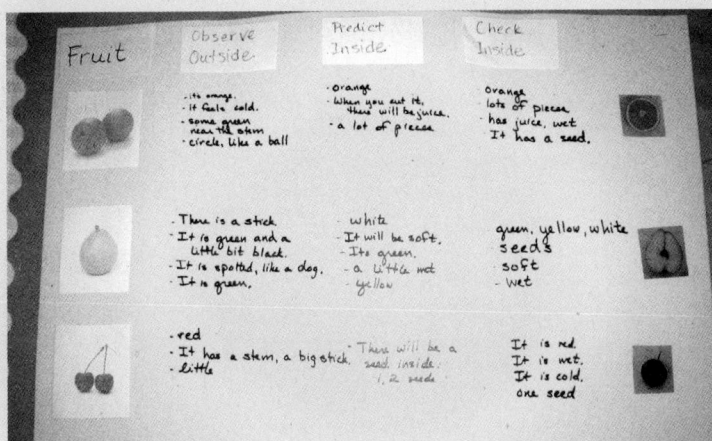

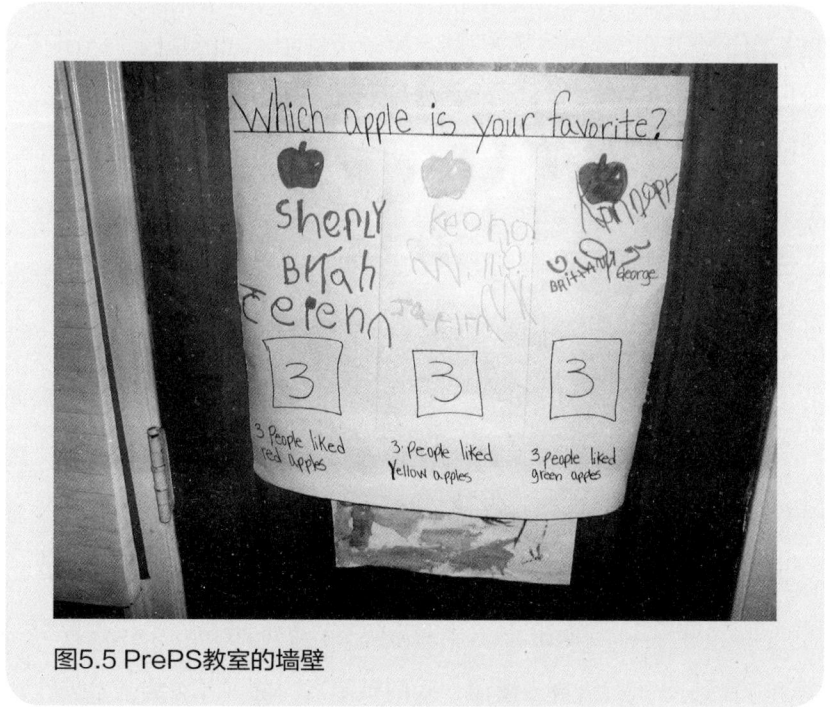

图5.5 PrePS教室的墙壁

第5节
最终的想法

很多年以前，我们启动了PrePS项目。从那时起，研究者、教育家和政策制定者已聚焦于早期的科学教育。美国国家研究委员会已经致力通过规划研究提高学前班到八年级科学教育（Duschl et al.，2006），并且为教育者提供科研的实践应用机会（Michaels，Shouse，& Schweingruber，2008）。每一卷文件还记录了幼儿入园时就已经具有的基本技能和内容知识。同时，美国国内掀起了一股热潮，想要更好地描述儿童应该在早教中学到的知识。2005年，几乎每个州都在为早期语言、读写和数学的教学制定标准和学习指标（Neuman & Roskos，2005）。绝大多数州也有科学学习的指标。比如新泽西州教育部门为学前的科学教育设定了4个目标（见专栏5.3）。我们很高兴自己长期坚持的原则，即科学在早教课堂中占据着重要地位，得到了政策上的肯定。

如果日后想在社会上成为具有科学素养的成人，那么幼儿需要在形成科学的思维方式、获取内容知识上受到一些引导。同样重要的是，教师需要和儿童一样保持对世界和科学的探索热情及一份好奇心。当我们一再强调PrePS只是把科学引荐给儿童的一种方法，让他们从容地使用科学的工具、方法，学习科学内容时成人也只是一时感到有趣。他们告诉我们，科学教育过程非常枯燥和艰难；最后让他们感到科学跟日常生活毫无联系。在传统的课堂中，儿童不是用科学来解答自己的问题或对自己重要的问题，而是用一些实验来重复回答他人已经提出的问题，还有解答过的问题。科学的指导是一步一步进行的，没有创造或者探索有趣想法的机会，科学事实可能被记住了，但是其概念本质却没有得到掌握。

PrePS项目计划并不保证大家能够完全掌握，而我们是要确保每个人拥有自信，并自己能够进行学习与探索，同时该项目也让人们从小就把科学视为日常生活中非常有趣的一部分，从而自然地推动日常科学学习。PrePS培育着幼儿对世界与生俱来的好奇心，为今后的学习打下了基础。PrePS的潜力在于把儿童带到科学学习的道路上，他们所学的足以激励他们更多地去实践、了解和发现更多。PrePS的目标在于让儿童懂得发现的乐趣，而且在知道这些之后，一次又一次地渴望接近这些乐趣。

专栏5.3

新泽西州教育部门的学前教学目标

目标1：儿童形成调查技能，包括问题解决和决策制定。

目标2：儿童观察和研究各种客体，包括生物体和非生物体的属性。

目标3：儿童探索生物体和非生物体，以及环境变化的各种概念。

目标4：儿童形成环境意识和人类责任意识。

References

Appelbaum, P., & Clark, S. (2001). Science! Fun? A critical analysis of design/content/evaluation. Journal of Curriculum Studies, 33, 583 – 600.

Backsheider, A.G., Shatz, M., & Gelman, S.A. (1993). Preschoolers' ability to distinguish living kinds as a function of regrowth. Child Development, 64, 1242 – 1257.

Baillargeon, R., Yu, D., Yuan, S., Li, J., & Luo, Y. (2009). Young infants' expectations about self-propelled objects. In B.M. Hood & L.R. Santos (Eds.), The origins of object knowledge (pp. 285 – 352). New York: Oxford University Press.

Bowman, B., Donovan, M.S., & Burns, M.S. (Eds.). (2001). Eager to learn: Educating our preschoolers. Washington, DC: National Academies Press.

Bransford, J.D., Brown, A.L., & Cocking, R. (Eds.). (1999). How people learn: Brain, mind, experience, and school. Washington, DC: National Academies Press.

Brenneman, K., & Gelman, R. (2009, April). Supporting and assessing scientific reasoning in young children. Presented at the biennial meeting of the Society for Researh in Child Development, Denver, CO.

Brenneman, K., Gelman, R., Massey, C., Roth, Z., Nayfeld, I., & Downs, L.E. (2007, October). Preschool pathways to science: Assessing and fostering scientific reasoning in preschoolers. Presented at the biennial meeting of the Cognitive Development Society, Santa Fe, NM.

Brenneman, K., & Louro, I.F. (2008). Science journals in the preschool classroom. Early Childhood Education Journal, 36, 113 – 119.

Brenneman, K., Massey, C., & Metz, K. (2009, April). Science in the early childhood classroom: Introducing senses as tools for observation. Presented at the biennial meeting of the Society for Research in Child Development, Denver, CO.

Brenneman, K., Stevenson-Boyd, J., & Frede, E.C. (2009, March). Math and science in preschool: Policies and practice. NIEER Preschool Policy Brief, 19. New Brunswick, NJ: National Institute for Early Education Research. Retrieved June 1, 2009, from http://nieer.org/resources/policybriefs/20.pdf

Brown, A.L., & Campione, J.C. (1996). Psychological theory and the design of innovative learning environments: On procedures, principles, and systems. In L. Schauble & R. Glaser (Eds.), Contributions of instructional innovation to understanding theory (pp. 229 – 270). Mahwah, NJ: Lawrence Erlbaum Associates.

Bruner, J.S. (1964). The course of cognitive growth. American Psychologist, 19, 1 – 15.

Bullock, M., & Gelman, R. (1979). Preschool children's assumptions about cause and effect: Temporal ordering. Child Development, 50, 89 – 96.

Burchinal, M., Howes, C., Pianta, R., Bryant, D., Early, D., Clifford, R., Barbarin, O. (2008). Predicting child outcomes at the end of kindergarten from the quality of pre-kindergarten teacher – child in-teractions and instruction. Applied Developmental Science, 12, 140 – 153.

Campbell, J. (2006). Handbook of mathematical cognition. London: Psychology Press.

Carey, S. (1985). Conceptual change in childhood. Cambridge, MA: The MIT Press.

Carey, S. (2009). The origin of concepts. New York: Oxford University Press.

Cheng, K., & Newcombe, N. (2005). Is there a geometric module for spatial orientation? Squaring theory and evidence. Psychonomic Bulletin and Review, 12, 1 – 23.

Chouinard, M.M. (2007). Children's questions: A mechanism for cognitive development. Monographs of the Society for Research in Child Development, 72, 1 – 129.

Conezio, K., & French, L. (2002). Science in the preschool classroom: Capitalizing on children's fascination with the everyday world to foster language and literacy development. Young Children, 57, 12 – 18.

Danby, S.J. (2002). The communicative competence of young children. Australian Journal of Early Childhood, 27, 25 – 30.

Dehaene, S., & Changeux, J. (1993). Development of elementary numerical abilities: A neuronal model. Journal of Cognitive Neuroscience, 5, 390 – 407.

Dickinson, D.K. (2001). Large-group and free-play times: Conversational settings supporting language and literacy development. In D.K. Dickinson & P.O. Tabors (Eds.), Beginning literacy with language (pp. 223 – 255). Baltimore: Paul H. Brookes Publishing Co.

Downs, L., Brenneman, K., Gelman, R., Massey, C., Nayfeld, I., & Roth, Z. (2009, April). Developing classroom experiences to support preschoolers' knowledge of living things. Presented at the biennial meeting of the Society for Research in Child Development, Denver, CO.

Dunbar, K., & Fugelsang, J. (2005). Scientific thinking and reasoning. In K. Holyoak & R.G. Morri- son (Eds.), The Cambridge handbook of thinking and reasoning (pp. 706 – 726). New York: Cambridge University Press.

Duschl, R.A., Schweingruber, H.A., & Shouse, A.W. (2006). Taking science to school: Learning and teaching science in grades K – 8. Washington, DC: National Academies Press.

Elkind, D. (1989). The hurried child: Growing up too fast too soon. Reading, MA: Addison-Wesley.

French, L. (2004). Science as the center of a coherent, integrated, early childhood curriculum. Early Childhood Research Quarterly, 19, 138 – 149.

Gallas, K. (1995). Talking their way into science: Hearing children's questions and theories, respond- ing with curricula. New York: Teachers College Press.

Gallistel, C.R., & Gelman, R. (2005). Mathematical cognition. In K. Holyoak & R. Morrison (Eds.) Cambridge handbook of thinking and reasoning (pp. 559 – 588). New York: Cambridge University Press.

Gardner, H. (1991). The unschooled mind: How children think and how schools should teach. San Francisco: Basic Books.

Gelman, R. (1990). First principles organize attention to relevant data and the acquisition of numerical and causal concepts. Cognitive Science, 14, 79 – 106.

Gelman, R. (1998). Domain specificity in cognitive development: Universals and nonuniversals. In M. Sabourin & F. Craik (Eds.), Advances in psychological science: Vol. 2. Biological and cognitive aspects (pp. 557 – 579). Hove, England: Psychology Press.

Gelman, R. (2009). Innate learning and beyond. In M. Piattelli-Palmarini, P. Salaburu, & J. Uriagereka (Eds.), Of minds and language: A dialogue with Noam Chomsky in the Basque country (pp. 223 – 238). New York: Oxford University Press.

Gelman, R., & Baillargeon, R. (1983). A review of some Piagetian concepts. In J.H. Flavell & E. Mark-man (Eds.), Cognitive development: Vol. 3. Handbook of child development (pp. 167 – 230). New York: John Wiley & Sons.

Gelman, R., & Brenneman, K. (2004). Science learning pathways for young children. Early Childhood Research Quarterly, 19, 150 – 158.

Gelman, R., & Brenneman, K. (in press). Science classrooms as learning labs. In N. Stein & S. Rauden- busch (Eds.), Developmental cognitive science goes to school. New York: Taylor & Francis.

Gelman, R., & Gallistel, C.R. (1978). The child's understanding of number. Cambridge, MA: Harvard University Press.

Gelman, R. & Lucariello, J. (2002). Learning in cognitive development. In H. Pashler & C.R. Gallistel (Eds.), Stevens' handbook of experimental psychology (3rd ed., Vol. 3, pp. 395 – 443). New York: John Wiley & Sons.

Gelman, R., Romo, L., & Francis, W.S. (2002). Notebooks as windows on learning: The case of a science-into-ESL program. In N. Granott & J. Parziale (Eds.),Microdevelopment: Transition processes in development and learning (pp. 269 – 293). Cambridge, England: Cambridge University Press.

Gelman, R., & Shatz, M. (1977). Appropriate speech adjustments: The operation of conversational constraints on talk to two-year-olds. In M. Lewis & L. Rosenblum (Eds.), Interaction, conversation and the development of language (pp. 189 – 198). New York: John Wiley & Sons.

Gelman, R., Spelke, E.S., & Meck, E. (1983). What preschoolers know about animate and inanimate objects. In D. Rogers & J. Sloboda (Eds.), The development of symbolic thought (pp. 297 – 328). Lon- don: Plenum.

Gelman, R., & Williams, E. (1998). Enabling constraints for cognitive development and learning: Domain specificity and epigenesis. In W. Damon (Series Ed.) & D. Kuhn & R. Siegler (Vol. Eds.), Handbook of child psychology: Vol. 2. Cognition, perception and language (5th ed., pp. 575 – 630). New York: John Wiley & Sons.

Gelman, S.A. (2003). The essential child: Origins of essentialism in everyday thought. New York: Oxford University Press.

Gelman, S., & Markman, E. (1986). Categories and induction in young children. Cognition, 23, 183 – 209.

Gelman, S.A., & Opfer, J.E. (2002). Development of the animate – inanimate distinction. In U. Goswami (Ed.), Blackwell handbook of childhood cognitive development (pp. 151 – 166). Oxford: Blackwell.

Gentner, D. (2005). The development of relational category knowledge. In L. Gershkoff-Stowe & D.H. Rakison (Eds.), Building object categories in developmental time (pp. 245 – 275). Mahwah, NJ: Lawrence Erlbaum Associates.

Gibson, E.J. (1970). Principles of perceptual learning and development. New York: Appleton-Century- Crofts.

Ginsburg, H.P., Lee, J.S., & Boyd, J.S. (2008). Mathematics education for young children: What it is and how to promote it. Society for Research in Child Development Social Policy Report, 22, 3 – 22.

Gobbo, C., & Chi, M. (1986). How knowledge is structured and used by expert and novice children. Cognitive Development, 1, 221 – 237.

Gopnik, A., & Schulz, L. (Eds.). (2007). Causal learning: Psychology, philosophy, computation. New York: Oxford University Press.

Gottfried, G.M., & Gelman, S. (2004). Developing domain-specific causal – explanatory frameworks: The role of insides and immanence. Cognitive Development, 20, 137 – 158.

Hammer, D. (1999). Physics for first graders? Science Education, 83, 797 – 799.

Hart, B., & Risley, T.R. (1995). Meaningful differences in the everyday experience of young American children. Baltimore: Paul H. Brookes Publishing Co.

Harms, T., Clifford, R.M., & Cryer, D. (2007). Early Childhood Environment Rating Scale – Revised Edition (ECERS-R). New York: Teachers College Press.

Hermer, L., & Spelke, E.S. (1996). Modularity and development: The case of spatial reorientation. Cognition, 61, 195 – 232.

Hong, L.T. (1995). The empress and the silkworm. Morton Grove, IL: Albert Whitman and. Co.

Howes, C., & Stewart, P. (1987). Child's play with adults, toys, and peers: An examination of family and childcare influences. Developmental Psychology, 23, 423 – 430.

Inagaki, K., & Hatano, G. (2002). Young children's naive thinking about the biological world. New York: Psychology Press.

Inhelder, B., & Piaget, J. (1964). The early growth of logic in the child: Classification and seriation. Lon-don: Routledge and Kegan Paul.

Jordano, K., & Callella, T. (1998). Phonemic awareness songs and rhymes. Cypress, CA: Creative Teaching Press.

Kail, R.V. (2007). Children and their development (4th ed.). Upper Saddle River, NJ: Prentice Hall.

Karmiloff-Smith, A., & Inhelder, B. (1974). If you want to get ahead, get a theory. Cognition, 3, 195 – 212.

Klahr, D., & Chen, Z. (2003). Overcoming the positive-capture strategy in young children: Learning about indeterminacy. Child Development, 74, 1275 – 1296.

Kuhn, T.S. (1962). The structure of scientific revolutions. Chicago: University of Chicago Press.

Lavin, B., Galotti, K., & Gelman, R. (2003). When children, not adults, are the experts: Explorations of a child-oriented environment. Unpublished manuscript.

Lionni, L. (2006). Alexander and the wind-up mouse. New York: Knopf Books for Young Readers.

159

Macario, J. (1991). Young children's use of color classification: Foods and other canonically colored objects. Cognitive Development, 6, 17 – 46.

Massey, C., & Roth, Z. (2004). Science for Developing Minds series: A science curriculum for kinder-garten and first grade. Philadelphia: Edventures.

Massey, C., & Roth, Z. (2009, April). Conceptual change in preschool science: Understanding light and shadows. Presented at the biennial meeting of the Society for Research in Child Development, Denver, CO.

McCloskey, M., Washburn, A., & Felch, L. (1983). Intuitive physics: The straight-down belief and its origin. Journal of Experimental Psychology: Learning, Memory and Cognition, 9, 636 – 649.

Michaels, S., Shouse, A.W., & Schweingruber, H.A. (2008). Ready, set, science! Putting research to work in K – 8 science classrooms. Washington, DC: National Academies Press.

Miller, G.A. (1977). Spontaneous apprentices: Children and language. New York: Seabury Press.

Munakata, Y. (2006). Information processing approaches to development. In W. Damon & R.M. Lerner (Series Eds.) & D. Kuhn & R. Siegler (Vol. Eds.), Handbook of child psychology: Vol. 2. Cog- nition, perception, and language (6th ed., pp. 426 – 463). Hoboken, NJ: John Wiley & Sons.

National Association for the Education of Young Children. (2006). NAEYC develops 10 standards of high-quality early childhood education. Retrieved March 9, 2009, from http://www.naeyc.org/about/releases/20060416.asp.

National Science Board. (2009). National Science Board STEM education recommendations for the President-Elect Obama administration. Retrieved March 9, 2009, from http://www.nsf.gov/nsb/publications/2009/01_10_stem_rec_obama.pdf.

Nayfeld, I., Brenneman, K., & Gelman, R. (2009, under review). Science in the classroom: Finding a balance between autonomous exploration and teacher-led instruction in preschool settings.

Neuman, S., & Roskos, K. (2005). The state of state pre-kindergarten standards. Early Childhood Research Quarterly, 20, 125 – 145.

Novak, J.D., & Gowin, D.B. (1984). Learning how to learn. New York: Cambridge University Press.

Perlmutter, M. (1980). Children's memory. San Francisco: Jossey-Bass.

Piaget, J. (1930). The child's conception of physical causality. London: Routledge & Kegan Paul.

Piaget, J. (1952). The child's conception of number. London: Routledge.

Piaget, J. (1970). Piaget's theory. In P.H. Mussen (Ed.), Carmichael's manual of child psychology (Vol. 1, pp. 103 – 128). New York: Wiley.

Pianta, R.C., La Paro, K.M., & Hamre, B.K. (2008). Classroom Assessment Scoring System™ (CLASS™). Baltimore: Paul H. Brookes Publishing Co.

Poulin-Dubois, D. (1999). Infants' distinction between animate and inanimate objects: The origins of naïve psychology. In P. Rochat (Eds.), Early social cognition (pp. 257 – 280). Mahwah, NJ: Lawrence Erlbaum Associates.

Resnick, L.B. (1987). Education and learning to think. Washington, DC: National Academies Press.

Ritchie, S., Howes, C., Kraft-Sayre, M., & Weiser, B. (2002). Emergent academic snapshot. Los Ange- les: University of California.

Saxe, R., Tzelnic, T., & Carey, S. (2007). Knowing who-dunnit: Infants identify the causal agent in an unseen causal interaction. Developmental Psychology, 43, 149 – 158.

Schulz, L.E., & Bonawitz, E.B. (2007). Serious fun: Preschoolers engage in more exploratory play when evidence is confounded. Developmental Psychology, 43, 1045 – 1050.

Shatz, M., & Gelman, R. (1973). The development of communication skills: Modifications in the speech of young children as a function of listener. Monographs of the Society for Research in Child Development, 38(Serial No. 152), 1 – 37.

Siegal, M., & Surian, L. (2004). Conceptual development and conversational understanding. Trends in Cognitive Sciences, 8, 534 – 538.

Solomon, G.E.A., & Johnson, S.C. (2000). Conceptual change in the classroom: teaching young children to understand biological inheritance. British Journal of Developmental Psychology, 18, 81 – 96.

Spelke, E.S. (2000). Core knowledge. American Psychologist, 55, 1233 – 1243.

Spelke, E.S., & Kinzler, K.D. (2007). Core knowledge. Developmental Science, 10, 89 – 96.

Spelke, E.S., Phillips, A., & Woodward, A.I. (1995). Infants' knowledge of object and human action. In D. Sperber, D. Premack, & A. Premack (Eds.), Causal cognition: A multidisciplinary debate (pp. 44 – 78). Oxford, England: Clarendon Press.

Stipek, D. (2008). The price of inattention to mathematics in early childhood education is too great. Society for Research in Child Development Social Policy Report, 22, 13.

Strickland, D.S., & Riley-Ayers, S. (2006, April). Early literacy: Policy and practice in the preschool years. NIEER Preschool Policy Brief, 10. New Brunswick, NJ: National Institute for Early Education Research. Retrieved April 20, 2009, from http://nieer.org/resources/policybriefs/10.pdf

Sylva, K., Siraj-Blatchford, I., & Taggart, B. (2006). Assessing quality in the early years: Early Childhood Environment Rating Scale Extension (ECERS-E). Stoke-on-Trent, England: Trentham Books.

Templin, M.C. (1957). Certain language skills in children. Minneapolis: University of Minnesota Press. Wurm, W. (2005). Working in the Reggio way: A beginner's guide for American teachers. St. Paul, MN: Redleaf Press.

Vygotsky, L.S. (1962). Thought and language. Cambridge, MA: The MIT Press.

Zur, O., & Gelman, R. (2004). Young children can add and subtract by predicting and checking. Early Childhood Research Quarterly, 19, 121 – 137.

Index